大好き！
チョコレートのお菓子

作りたい。贈りたい。はじめてでもできる、かわいくて、おいしい手づくりレシピ。

脇 雅世／著

Chocolat Toujours

大泉書店

CONTENTS

あると便利な道具と選び方のポイント……4
お菓子の材料と選び方のポイント……6
チョコレートのおはなし……8
テンパリングをおぼえましょう！……9

*

失敗しないためのコツ PART:1……11

*

手軽に作れる
小さなチョコレート菓子

型抜きチョコレート……12
アーモンドプラリネ……14
マンディアン……16
トリュフ……18
フルーツチョコレート……20
パヴェ ド ショコラ……22
レーズンチョコレート……24
ドライフルーツチョコレート……26
ラムレーズンボール……28
リーフチョコ……30
チョコロッシェ……32
ナッツチョコレート……34

*

簡単かわいいラッピングアイデア……36

*

失敗しないためのコツ PART:2……39

*

混ぜて焼くだけ
チョコレートを使った焼き菓子

チョコレートフィナンシェ……40
ブラウニー……42
サブレショコラ……44
ビスコッティ……46
カラフルチョコレートクッキー……48
クッキーショコラ……50
チョコパフバー……52
キッスクッキー……54
チョコインブリオッシュ……56

秘伝のテクニックでバリエーション豊かに
チョコレートを使ったケーキ

失敗しないためのコツ PART:3……59

*

ザッハトルテ風……60

ガトーショコラ……62

ガトー フォレ ノワール……64

エンゼルムースケーキ……66

チョコレートシフォン……68

チョコメレンゲ……70

チョコレートタルト……72

ホワイトチョコレートチーズケーキ……74

ブッシュ ド ノエル……76

チョコレートショートケーキ……78

*

できたてを食べたい
温かい＆冷たいチョコレート菓子

失敗しないためのコツ PART:4……81

*

フォンダンショコラ……82

スフレショコラ……84

チョコレートパンペルデュ……86

チョコレートムース……88

プチ ポ ド クレーム ショコラ……90

*

通信販売可能なおすすめSHOP……92

準備時間・難易度・甘さ別 さくいん……94

[レシピについてのご注意]

＊大さじ1は15ml、小さじ1は5ml、1カップは200mlのことです。

＊卵はすべてMサイズ、生クリームはすべて動物性を使用しています。

＊オーブンに入れる時間や温度は、あくまでも目安です。使用するオーブンのくせをよく知って、微調整をしてください。

＊この本で使用した電子レンジは500Wです。加熱時間は400Wは1.2倍、600Wは0.9倍が目安です。ただしメーカーなどによって仕様が異なるので、お手持ちの器具によって加減してください。

この本で使った
あると便利な道具と選び方のポイント

この本で活躍した道具類です。持っていないとできないということではありませんが、そろえておいて損のないものばかりです。もし新しく購入するならどんな点に気をつけたらいいのかポイントをつけてみました。買うときの参考にしてみてはいかがでしょう。

1 鍋
2 泡立て器
3 スプーン(大・小)
4 ゴムべら
5 はけ
6 キッチンばさみ

鍋は湯せんをしたり、チョコレートを溶かすときに使います。ボウルを上にのせたときにぴったり密着するものを用意してください。ゴムべらは、これから買うのであれば、熱した鍋の中をかき混ぜられる耐熱性のものがおすすめです。スプーンの他にフォークもよく使うので用意しておくとよいでしょう。

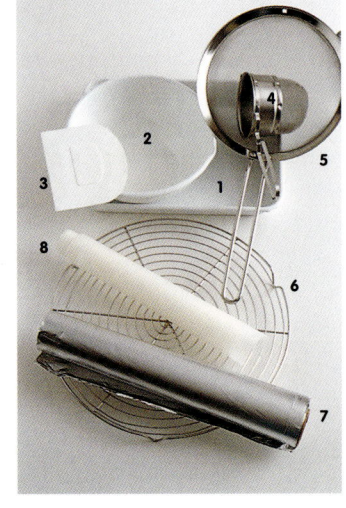

1 バット
2 ボウル
3 カード
4 茶こし
5 万能ざる
6 ケーキクーラー
7 アルミホイル
8 オーブンペーパー

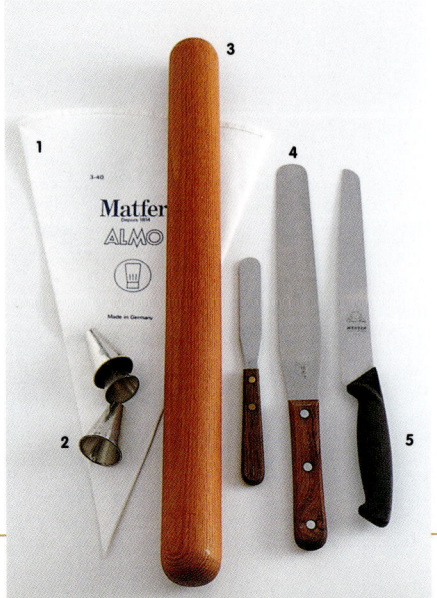

1 しぼり出し袋
2 口金
3 めん棒
4 パレットナイフ(大・小)
5 ケーキナイフ(波刃)

パレットナイフはクリームをぬるときに便利。大小そろえる必要はありません。細かい作業のときは、上の方を持つようにしてナイフ部分を短くして使えば、大きいもの1本でも十分です。ケーキナイフはケーキを切るときや模様をつけるときに使います。

カードは、生地をまとめたり、クリームをすくうときに便利なものですが、なくてもかまいません。他も菓子専用の道具である必要はありません。ざるはふだん野菜の水きりに使用しているもので、ケーキクーラーは、天ぷらなどの油きりに使う網や魚焼き器の網(魚の匂いがしないもの)で代用できます。

1 シフォン型
2 丸型
3 マンケ型
4 タルト型
5 天板
6 プリン型
7 耐熱性ガラスの器
8 ココット
9 セルクル型

1 チョコレート用流し型　3 葉（アメリカンベイリーフ）
2 抜き型　　　　　　　4 アルミカップ（アルミケース）

この本では型はチョコレートを固めるために使うので、材質はアルミやプラスチックなど、どんなものでも大丈夫。ただ傷がついていると型から抜けないことがあるので気をつけてください。チョコレート専用のプラスチックの型もあります。厚手セロファンも型に敷き入れると、つやのあるきれいな表面に仕上がるのでおすすめです。

マンケ型とは高さが低い丸浅型で、底はぬけないもの。丸型と呼ばれる底がぬけるものが一般的ですが、マンケ型はフランス菓子を作るための典型的な型で、丸型よりも高さがない分早く焼けます。水分が多く抜けるのでシロップをぬるような生地（ガトー フォレ ノワールなど）を焼くときに向いています。タルト型は、型から抜きやすいよう底が抜けるタイプのものがよいでしょう。本で使った型とサイズが違う場合も買い直す必要はありません。59ページの「違う大きさの型を使うには」を参考にしてください。

1 計量カップ　3 はかり
2 計量スプーン　4 温度計（200℃）

お菓子作りを成功させるには、材料の分量をきちんと量ることが重要です。はかりは、もし新しく買うならデジタル式の方が、風袋分を除く機能がついているので使いやすいです。

1 フードプロセッサー
2 ハンドミキサー

無理に買う必要はありませんが、持っていると本当に便利です。ハンドミキサーはパーツが取りかえられ、濃度のあるものにも使えて、スピードも細かく調整が可能なものがおすすめです。しっかりと泡立てられれば、スポンジがよりふっくらと仕上げられます。フードプロセッサーは、中身を入れる部分がガラス製のものがおすすめ。プラスチック製は、使っているうちに表面が曇って中身が見えなくなってしまいます。切れ味が悪くなったら刃だけ買いかえることもできます。

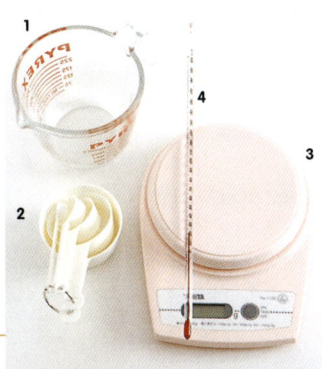

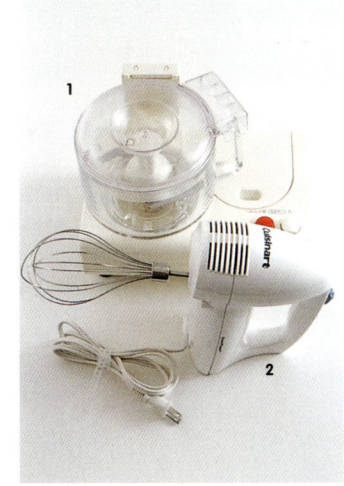

この本で使った
お菓子の材料と選び方のポイント

紹介する材料は、一般的な製菓材料専門店に行けば、手に入るものばかり。
ただ、「これとこれはどう違うの？」「これはないとダメなの？」といったわかりにくい材料もあります。
そこで疑問の出やすい食材の選び方のポイントを紹介しましょう。

1 コーティング用チョコレート（ホワイト）
2 製菓用チョコレート（ホワイト）
3 クーベルチュールチョコレート（ミルク）
4 クーベルチュールチョコレート（スイート）
5 丸形チョコレート菓子
6 インスタントコーヒー
7 ココアパウダー
8 コーティング用チョコレート（ブラック）

コーティング用チョコレートは洋生チョコレートともいい、溶かすだけで使える便利なチョコレートです。クーベルチュールチョコレートは、カカオ分55％以上のものを使っています（8ページを参照）。丸形チョコレート菓子は、普通のお菓子売り場で購入できます。ココアパウダーは飾り用にはノンウェットタイプを使うといつまでも溶けません。

1 フランスパン（バゲット）
2 スポンジケーキ（市販）
3 小麦胚芽入りビスケット
4 チョコレートシリアル
5 マシュマロ
6 ラム酒
7 キルシュ
8 グランマニエ（オレンジリキュール）

チョコレートシリアルは、スーパーマーケットのシリアル売り場にあります。最近はたくさんの種類が出ています。自分の好みのものでOKです。スポンジケーキは、自分で作るのがめんどうなときには強い味方。冷凍のものもあります。キルシュは外国製の方が香りが高いのでおすすめです。今回は、タンネン社のものを使用しました。

1 水あめ
2 バニラエッセンス
3 バニラオイル
4 グラニュー糖
5 粉砂糖
6 きび砂糖

バニラエッセンスは揮発性なので生菓子向き、バニラオイルは油性なので焼き菓子向きです。バニラエッセンスを焼き菓子に使っても香りが抜けてしまいます。バニラビーンズならどちらにも使えます。粉砂糖は、コーンスターチではなくオリゴ糖使用のものが口溶けがよくおすすめです。飾り用にはノンウェットタイプを使うと溶けません。ブラウンシュガーは入手しにくいので、安価で質の似たきび砂糖を使うとよいでしょう。

1 サワークリーム
2 カッテージチーズ
3 牛乳
4 生クリーム
5 マスカルポーネチーズ
6 クリームチーズ
7 無塩(食塩不使用)バター
8 卵

生クリームは、動物性を使っています。植物性でもかまいませんが、舌に油脂分が残る感じがします。おいしくできるのはやはり動物性です。生クリームは乳脂肪分が35%〜45%といろいろありますが、デコレーションに使うホイップ用クリームは、乳脂肪が低い方がさっぱりと仕上がるので好みで使い分けて。卵はMサイズを使用。卵白は、余ったら冷凍保存でき、自然解凍したものはよく泡立ちますが、泡のもちは悪くなります。

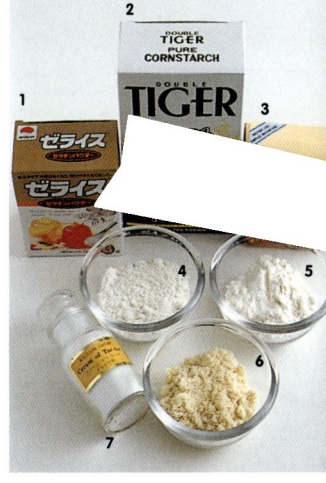

1 粉ゼラチン
2 コーンスターチ
3 インスタントドライイースト
4 小麦粉(薄力粉)
5 小麦粉(強力粉)
6 アーモンドパウダー
7 酒石酸

小麦粉など粉類は、新しいものを使ってください。小麦粉が古いとケーキがうまくふくらまないこともあります。アーモンドパウダーは、酸化しやすいので少量ずつ買うのがおすすめです。余ったら冷凍庫で保存します。酒石酸は添加物の一種。飲料水に酸味料として使う他、メレンゲの泡のもちをよくします。

1 マスカット
2 いちご
3 サワーチェリー(シロップ漬け)
4 ドライアプリコット
5 ドライプルーン
6 オレンジピール
7 ドライマンゴー
8 ドライクランベリー
9 ドライキウイ
10 ドライパパイヤ
11 グリーンレーズン
12 サルタナレーズン
13 レーズン
14 オレンジジュース
15 アプリコットジャム
16 マーマレード
17 いちごジャム
18 カシューナッツ
19 ピーカンナッツ
20 クルミ
21 ピスタチオ
22 アーモンド

トッピングやソースに使うフルーツやナッツ類は、必ずこれでということはありませんが、どれも比較的手に入りやすいものばかりです。最近はインターネットが普及し、通販で簡単に入手できるようになりました。グリーンレーズンは緑色で中国産の酸味が強いレーズン。サルタナは、黄金色でオーストラリア産です。どの材料もできるだけ新鮮なものを使ってください。

チョコレートのおはなし
Chocolate

クーベルチュールチョコレートとは？
クーベルチュールとは、「覆い被せる」というフランス語で、溶かしてお菓子に使うことを前提にして作られています。チョコレートの主原料であるカカオ分（カカオバターとカカオマス）の量が多く、その量はスイート、ミルクなどの種類によって各国の規格で厳しく決められています。この本ではカカオ分55％以上のものを使用しています。材料のチョコレートそのものの質がよいと、さらにおいしいお菓子ができます。この本では、基本的にクーベルチュールチョコレートを使っています。

チョコレートのいろいろ
チョコレートには種類がいろいろあります。主原料のカカオ分の他に砂糖やミルク分の有無や量によって、味に違いがあります。さらに製造元によって、カカオ豆の種類やブレンド方法が違うために味にもかなり開きがありますが、大体に分けると下のようになります。

■ **スイート**（ダークと呼ばれることもあります）
カカオ風味が強く、チョコレートの持つ特徴（酸味や苦味）を直接的に楽しむことができます。砂糖は加えてありますが、甘さは控えめ。「チョコレート本来の味を楽しみたい」という方にぜひおすすめしたい味です。

■ **ミルク**
ごく簡単にいうと、スイートチョコレートにミルクを加えたものです。マイルドな風味で、日本人に受け入れられやすい、チョコレートらしいチョコレートといえます。

■ **ホワイト**
スイートやミルクと違って、カカオ分がカカオバターだけなので色は白で、ミルクの味や風味が強く出ています。ただ、チョコレートではありますが、カカオ分の量が規定値に満たないので、正確にはクーベルチュールのホワイトチョコレートは存在しません。

■ **ビター**（カカオマスと呼ばれることもあります）
砂糖もミルクも含まれていないので、とても苦味が強いものです。甘味がしっかりついているものに、チョコレートの苦味を加えるといった使い方をしますが、これだけでは苦味が強すぎるので、この本では使っていません。製造元によっては苦味の強いスイートチョコレートをビターチョコレートと名称している場合もあるので、成分を確認しましょう。

チョコレートを買うときは
クリスマスやバレンタインのシーズンになると、ふだん製菓材料を扱っていないスーパーマーケットなどでも製菓用チョコレートが売られます。中にはカカオ分が低いものがあります。成分をよく確認しましょう。クーベルチュールに比べてカカオ分が低いとなめらかさに欠け、味が劣ります。お菓子売り場にある「板チョコ」もそのまま食べることを前提に作っているため、加工するのに向いていません。やはりちょっと高価ではありますが、製菓専門店などでクーベルチュールをぜひ購入して使ってください。

テンパリングをおぼえましょう！

40℃ → 20℃ → 30℃

この順番を守れば簡単♪

テンパリングとは、チョコレートに含まれる油脂分が均一に混ざるように一度溶かして油脂の結晶を整える作業のこと。テンパリングによってチョコレートが、見た目はつややかで美しく、味もなめらかでおいしいものになります。よく「テンパリングは難しい」といわれますが、温度さえうまく管理できれば、簡単に短時間でできます。何度か作ってコツをつかみましょう。残ったチョコレートは、ラップやアルミホイルで空気が入らないようにぴっちりと覆い、密閉容器に入れます。18℃が保存するときに最適なので、冬は家の中の涼しいところに置いておけば大丈夫。夏は冷蔵庫の野菜室に入れましょう。

[この作業で用意するもの]
- クーベルチュールチョコレート…300g以上（チョコレートの量が少ないとうまくテンパリングできないので最低でも300gくらいが必要です。）
- 包丁
- 温度計
- ボウル2個（大きさがひとまわり違うもの）
- ゴムべら
- シートまな板（プラスチック製のシート）

◀シートまな板

1 クーベルチュールチョコレートを包丁で細かく刻んで、小さい方のボウル（できれば金属性のもの）に入れる。

コツ まな板の上で刻むと溝にチョコレートが入り込んでしまって、後の処理が大変です。厚紙などの上で刻むか、100円ショップなどで手に入るシートまな板などを使うのがおすすめです。

2 60℃の湯が入ったボウル（または鍋）を用意し、その上に刻んだチョコレートの入ったボウルをのせ、チョコレートを40℃〜45℃まで温めて、溶かす。

コツ 湯の温度に神経質になる必要はありませんが、チョコレートはこげやすく温度に敏感なので、沸騰した湯や直火は絶対×。湯気や湯水が入ると固まりにくくつやがなくなるので、ボウル同士がすき間なくぴったり合うものを選びましょう。

3 冷水（チョコレートの量が多いときは氷水）の入ったボウルに**2**のチョコレートが入ったボウルをのせながら混ぜ、20℃〜23℃に冷ます。

コツ 全体が均一の温度になるように、ボウルの中のチョコレートを練るようにゆっくりと混ぜます。温度が下がるにつれて混ぜ心地はかなり重くなってきますが、ここでがんばるのがおいしくなるコツ。つやが次第に出てきたら成功している印です。

4 40℃の湯が入ったボウルの上に**3**のチョコレートが入ったボウルをのせ、30℃くらいに温度が上がるまで全体をよく混ぜる。

コツ 約30℃になったらテンパリングは完成。実際に使うときまでこの温度を保ちましょう。32℃を超えたら**3**に戻ってやり直しましょう。40℃を超えたり、冷えて固まったときにブルーム（白い斑点）が出たら失敗。油脂分が分離したのでテンパリングには使えません。焼き菓子の材料にします。

手軽に作れる
小さなチョコレート菓子

一口サイズのチョコレートのお菓子は、プレゼントの定番。
短時間でできて、少量でも形になります。
「もしかしたら甘いものが苦手かも」という人にあげるときも、
このサイズなら気兼ねなくあげられますし、もらう方も気軽に受け取れます。

PART:1

小さなお菓子を失敗しないためのコツ

■ **テンパリングしたチョコレートは**
残ったら、冷えて固まった状態でラップかアルミホイルに包み、常温（18℃前後）で保管しておけば、再度テンパリングして同じように使うことができます。ただ何度もテンパリングすると、舌ざわりが悪くなり、チョコレートのおいしさが半減してしまいます。その場合は生クリームを加えてガナッシュにしたり、焼き菓子用として生地に混ぜ込みましょう。

■ **ガナッシュに**
混ぜ入れるバターは、室温に戻してクリーム状にしておきましょう。冷蔵庫から出した直後のものを使うと混ざりにくく、バターが残ってしまうことがあります。

■ **保存は**
小さなチョコレートのお菓子は、3日から1週間保存可能です。18℃での保存がベスト。冬の暖房をしていない部屋であれば常温で、夏は冷蔵庫の野菜室で保存してください。

小さな菓子

chocolats

準備時間 **3時間** 難易度 ◆ 甘さ ●●

wrapping

セロファンの袋と、おしゃれなポストカードがあればチョコレートをのせただけでも素敵なラッピングができます。カードの雰囲気によって、かわいく……かっこよく……と様々な表情が簡単に演出できます。

型抜きチョコレート

好きな型に流し込んで固めるだけだから簡単。
チョコレートそのものの風味がわかるので、
おいしいチョコレートを使ってください。

[材料] チョコレート用流し型約12個分
クーベルチュールチョコレート（スイート）テンパリングしたもの……100g

※チョコレートはテンパリングをしたものを100g取り出して使用してください（テンパリングについては9ページを参照）。

1
流し込む型をきれいにふく。

2
チョコレートをスプーンで静かに流し込む。そのまま固まるまで置き、固まったら型からはずす。型をはずすときは、製氷器の氷を取り出す要領で少しひねりながら出すとよい。

point
テンパリングを上手にするには、チョコレートを最低でも300gは使ってください。量が少ないとうまくできません。それにテンパリングは慣れが重要。プレゼントにするのなら何日か前に一度、テンパリングを練習しておきましょう。

Q&A

Q テンパリングがどうしてもできません。ガナッシュをつくって流してもいいですか？

A ガナッシュとは、チョコレートに温めた生クリームを加え溶かしたもので、生チョコなどでおなじみ。ガナッシュは、テンパリングより簡単にできますが、型抜きチョコレートのようにしっかり固めるものには向きません。どうしてもできないという人は35ページのように、コーティング用チョコレートとクーベルチュールチョコレートを混ぜて使う手もありますが、つやとかたさは今ひとつです。

小さな菓子

Amande Pralinée

14

準備時間 **3時間**　難易度 ◆◇　甘さ ●●

アーモンドプラリネ

ローストしたアーモンドの香ばしい香りと
パリっとした歯ざわりのチョコレートのコンビが後をひき、
ついつい食べ過ぎてしまいそう。
ちょっとほろ苦い味わいですから、
甘いものが得意ではない人にもおすすめのチョコです。

[材料] 約80〜85個分
クーベルチュールチョコレート（スイート）テンパリングしたもの……100g
粉砂糖……………………………30g
無塩バター………………………3g
ココアパウダー…………………適量
皮つきアーモンド………………100g

[下準備]
＊アーモンドは140℃のオーブンで約15分ローストして冷ます。
※チョコレートはテンパリングをしたものを100g取り出して使用してください（テンパリングについては9ページを参照）。

チョコレートを全体にかけたら絶えず混ぜながら表面を固めます。混ぜないとボウルの方にチョコレートがついたりアーモンド同士がくっついてしまうので気をつけて。

1 鍋に粉砂糖を入れて弱火で加熱し、少し溶け始めたらアーモンドを加えて、砂糖が透明になるまでよく混ぜる。

2 バターを加えて手早く混ぜる。全体にバターがからまってつやが出たら、バットに広げて1粒ずつ離して冷ます。冷めたら、まわりについた余分な砂糖を切り離す。

3 2をボウルに入れ、チョコレートを大きめのスプーン2杯分加え、よく混ぜ合わせる。アーモンド全体にまんべんなくうすくチョコレートがつきかたくなるまで混ぜる。

4 表面が固まったら、もう一度チョコレートをスプーン2杯分加えてよく混ぜ、さらにアーモンド全体をコーティングする。これを6〜7回繰り返す。

5 バットにココアパウダーを敷き、最後にかけたチョコレートが完全に乾く前の**4**を入れて全体にまぶす。

6 目のあらいざるで余分なココアパウダーを落とす。

小さな菓子

準備時間 **3時間** 　難易度 ◆　甘さ ●●

マンディアン

カップに流したチョコレートの上に
フルーツやナッツをのせたお菓子。
簡単なのにおしゃれに見えるので、
時間がないけれど手作りのチョコを
作りたいと思い立ったときにぴったり。

[材料] 直径約6cmのアルミカップ6個分
クーベルチュールチョコレート（スイート）テンパリングしたもの……適量
アーモンド……………………6個
ピーカンナッツ ………………6個
グリーンレーズン……………18個
ドライアプリコット……………2個
ドライクランベリー…………18個

[下準備]
＊ドライアプリコットを、適当な大きさに切り分ける。
＊ナッツ類は140℃のオーブンで約15分ローストして冷ます。
※チョコレートはテンパリングをしたものを適量取り出して使用してください（テンパリングについては9ページを参照）。

1 厚手のアルミカップに、チョコレートを底から5mmの高さになるように流す。

2 チョコレートが固まらないうちに、ナッツやドライフルーツ類を彩りよく並べ、そのまま固まるまで置く。固まったらまわりのアルミカップをそっとはずす。

point
使うアルミカップは、製菓専用のものでなくてもOK。お弁当用のカップが家に残っていたら、それを使うのもよいでしょう。ただしあまりうすいと、チョコレートを入れた時に広がってしまい、きれいな形に固まらないので注意してください。

Mend an

Q & A

Q ナッツはどんなものが合いますか？

A ナッツやドライフルーツはどんなものでもかまいません。塩のついていないものをオーブンでローストしてから使ってください。色合いや並べ方に自分の個性が出せるので、1つ1つ違うナッツをのせてもおもしろいですね。

小さな菓子

トリュフ

準備時間 **半日**　難易度 ◆◇　甘さ ●●○

おなじみのトリュフにラム酒とコニャックを加えて。
チョコレートに、温めた生クリームを入れるガナッシュが基本ですが、
さらに牛乳を入れることで口当たりを軽くしました。
お酒が苦手な人は洋酒を入れなくてもかまいません。

[材料] 16個分
クーベルチュールチョコレート（スイート）……………………150g
生クリーム……………………75g
無塩バター……………………20g
牛乳……………………5ml
粉砂糖（ノンウェットタイプ）……適量
ココアパウダー（ノンウエットタイプ）……適量
ラム酒、コニャック…………各15ml

[下準備]
＊チョコレートを刻む。
＊バットにオーブンペーパーを敷く。
＊別々のバットに粉砂糖とココアパウダーをそれぞれ敷く。

1
鍋に生クリームと牛乳を入れて加熱する。沸騰直前で火を止め、ボウルに入れたチョコレートに加え、溶かし混ぜる。

2
さらにバターを加えよく混ぜる。あら熱がとれたら半量を別のボウルに入れる。一方にラム酒、もう一方にコニャックを加え混ぜる。

3
ボウルの底に冷水をあて、形作れるかたさになるまでゴムべらで混ぜたら、手で丸めてバットの上に置く。完全に固まるまでさらに冷やす。

4
ラム酒の方にはココアパウダー、コニャックの方には粉砂糖をそれぞれ全体にまぶす。

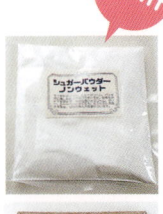

point
お菓子にココアや粉砂糖をまぶしておくと、温度や湿度によって、ベトベトした状態になります。それを防ぐためには、水分を含みにくい「ノンウエットタイプ」という粉砂糖やココアを利用するとよいでしょう。これを使えば長時間、お菓子の表面をできたてのように保つことができます。

小さな菓子

Fruit Chocolate

準備時間 **3時間**　難易度 ◆　甘さ ●

フルーツチョコレート

使うフルーツは、色の変化が少なく水分の少ないものが向きます。大好きな人に好みのフルーツを聞いて、プレゼントしたら、もっと喜ばれるはず。

[材料] 22個分
コーティング用チョコレート（ホワイト、ブラック）……各100g
いちご……………………………6個
さくらんぼ………………………6個
マスカット………………………10個

[下準備]
＊フルーツは室温に戻し、ペーパータオルでよくふく。
＊バットにオーブンペーパーを敷く。

1 チョコレートはそれぞれ耐熱性のボウルに入れてラップをかけ、電子レンジで約2分加熱するか湯せん（60℃）で溶かす。

2 フルーツを好みのチョコレートに浸し、オーブンペーパーの上にのせて固まるまで置く。ホワイトとブラックの両方に浸すときは、必ず一方が完全に固まってから、もう一方のチョコレートに浸す。

point　使用するフルーツは水分をよくふきとってください。水分が残っていると、チョコレートがフルーツにうまくつかず、失敗のモト。いちごなどつかみにくいものは、竹串で刺してからコーティングすると楽です。

Q コーティング用チョコレートってどんなものですか？

A 別名洋生チョコレートといいます。変質しやすいカカオバターを少なく、代わりに油脂を使って扱いやすくしています。溶かすだけですぐ使えるので、テンパリングができないときの上掛け用としてや、短時間で仕上げたいときに便利です。

小さな菓子

パヴェ ド ショコラ

準備時間 **3時間**　難易度 ◆◇　甘さ ●●○

「パヴェ」とは石畳の意味。パリの石畳のような形からこの名がつきました。
通称「生チョコ」として、バレンタインに特に人気を集めるお菓子です。
水あめを加えることで、さらに口溶けがよく、固まりやすくなります。

[材料] 21cm×14cmのバット1枚分(40個)
クーベルチュールチョコレート(スイート)……260g
生クリーム……200ml
無塩バター……45g
ココアパウダー……適量
水あめ……20g

[下準備]
＊チョコレートを刻む。
＊バットに厚手のセロファンまたはラップを敷く（セロファンは取り出すときに持ち手になるように、バットよりも2cmくらい高さが出るようにひとまわり大きく敷く）。

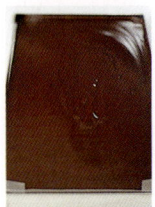

1 鍋に生クリーム、水あめを入れて加熱する。沸騰直前に火を止め、ボウルに入れたチョコレートに加えて、よく溶かす。

2 バターを加えてよく混ぜ合わせ、バットに流し入れる。冷えて固まるまで冷蔵庫で冷やす。

3 ココアを敷き、チョコレートが十分に固まったらセロファンごと引っ張るように取り出す。セロファンをはずしてチョコレートを出し、全体にまんべんなくココアをまぶす。

4 1辺が約2.5cmの四角になるように、包丁で筋目をつける。

5 筋目に添って包丁で切る。切るときは包丁を上から静かに落とし、ゆっくりと上下に振るように。切った側面にココアパウダーをまぶす。

point

このお菓子は溶けやすいので、手で直接さわらずにカードやフォークを使って作業しましょう。チョコレートを取り出す台も温かければ、氷水を入れたバットなどをしばらく置いて冷やしておきましょう。

Pavés du Chocolats

小さな菓子

Raisin Chocolate

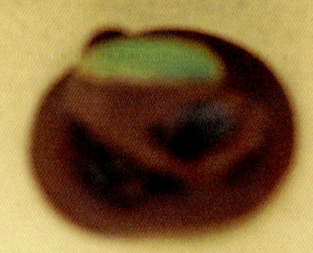

準備時間 **3時間** 難易度 ◆ 甘さ ●●

レーズンチョコレート

レーズンの甘さはチョコレートによく合います。
手軽に作れて失敗知らず。
ピスタチオは味と見た目を引き締める役割ですから、
忘れずにのせてください。

wrapping

長方形の色画用紙をまるめて、底と合わせ口をステープラーで留めます。そこにチョコレートを入れ、麻ひもを飾るだけ。ちょっとしたお礼としてチョコレートをあげたいときにぴったりです。

[材料] 約20個分
クーベルチュールチョコレート（スイート）テンパリングしたもの……50g
レーズン……………………………50g
ピスタチオ（製菓用）……………10粒

[下準備]
＊バットにオーブンペーパーを敷く。
＊ピスタチオは湯にしばらくつけて皮をむき水気をふき、縦半分に切る。
※チョコレートはテンパリングをしたものを50g取り出して使用してください（テンパリングについては9ページを参照）。

1

チョコレートを、ビニール袋に入れる。ビニール袋の底の端を細く切ってしぼり出し袋を作る。

2

チョコレートをオーブンペーパーの上に直径1cmくらいの円状にしぼり出す。

3

チョコレートが固まらないうちに、上にレーズンを3〜4粒ずつのせ、さらにチョコレートを上にしぼり出す。

4

固まらないうちに、上にピスタチオをのせる。固まるまで置く。

point

ビニール袋を使ったしぼり出し袋は、切るときにちょっとした注意が必要です。チョコレートを入れたら写真のように、底にあるひらひらした部分（底を作るための接着部分）を少しカットしてから、しぼり出す部分を切るようにします。そうしないとしぼり出すチョコレートが底の部分くっついて、きれいに出せません。

小さな菓子

準備時間 **1時間**　難易度 ◆　甘さ ●●●

wrapping

ドライフルーツ チョコレート

チョコレートのお菓子というと、落ち着いてシックな印象がありますが、これは別。色とりどりのたくさんのドライフルーツを使えば、華やかで楽しいお菓子のできあがりです。

ごく普通の半透明の封筒のサイドをマチを作るように折ると箱のようになります。中にチョコを入れて。ドライフルーツの色とリボンの色を合わせると一層おしゃれに。

[材料] 計21個分
コーティング用チョコレート(ホワイト、ブラック)……各100g
ドライプルーン……6個
ドライマンゴー……5個
ドライキウイ……5個
ドライパパイヤ……5個

[下準備]
＊バットにオーブンペーパーを敷く。

ドライフルーツはどんなものでもかまいませんが、大粒であまりかたくない、食べやすいものにしましょう。すもも、いちご、りんごなど、ドライフルーツも最近はたくさんの種類があるので、お好みでどうぞ。

1
チョコレートは、それぞれ耐熱性のボウルに入れてラップをかけ、電子レンジで約2分加熱するか、湯せん(60℃)で溶かす。

2
溶かしたチョコレートにドライフルーツを浸し、オーブンペーパーの上にのせて固まるまで置く。どのフルーツにどのチョコレートを浸すかは自由。自分の好みに合わせて選ぶ。

小さな菓子

Rum Raisin Ball

準備時間 **3時間** 難易度 ◆ 甘さ ●●

ラムレーズンボール

ラム酒にレーズン、グランマニエにオレンジピール
どちらも相性抜群の取り合わせ。
スポンジケーキはデコレーション用に売っている
市販のもので十分です。

wrapping

色とりどりのアルミ紙でラムレーズンボールを包んだら、ジャムの空き瓶にポンと入れて。空き瓶のふたもアルミ紙で飾れば、まるで専用ケースのように、お菓子と調和します。

[材料] 各10個分
スポンジケーキ……………100g
A ┌ レーズン…………………大さじ2
  │ いちごジャム……………大さじ1強
  └ ココアパウダー…………小さじ2
スポンジケーキ……………100g
B ┌ オレンジピール…………大さじ2
  └ アプリコットジャム……大さじ1強

Aのコーティング用
C ┌ クーベルチュールチョコレート
  │ （スイート）……………50g
  │ コーティング用チョコレート
  └ （ブラック）……………50g
ラム酒………………………大さじ2

Bのコーティング用
D ┌ ホワイトチョコレート…50g
  │ コーティング用チョコレート
  └ （ホワイト）……………50g
グランマニエ………………大さじ2

[下準備]
＊チョコレートを刻む。
＊バットにオーブンペーパーを敷く。
＊スポンジケーキを小さくちぎってくずす。
＊レーズンとオレンジピールをあらく刻む。

1
2つのボウルを用意し、それぞれスポンジケーキを入れ、一方にはA、もう一方にはBを加えてよく混ぜ合わせる。

2
それぞれ10等分に分けてボール状にしっかりと丸め、冷蔵庫で約30分冷やす。

3
CとDはそれぞれ別の耐熱性のボウルに入れて、電子レンジで1分30秒加熱するか、湯せん（60℃）にかけて溶かす。Cにラム酒、Dにグランマニエを加える。

4
2を**3**にくぐらせてコーティングし、オーブンペーパーの上にのせて表面が固まるまで置く。

point

チョコレートとお酒はよく合います。材料で使ったものがなければ、家にあるリキュール類を入れてみてください。おすすめは、カルーアミルクやコアントロー、キルシュ、ミントです。もし買うのであれば、ミニボトルがおすすめ。何本かそろえておくと便利です。

小さな菓子

Leaf Chocolate

準備時間 **1時間** 難易度 ◆ 甘さ ●●

wrapping

雑貨屋で見つけたティースプーンのセットにチョコレートを忍び込ませてみました。小物自体がかわいいので、ひもで結んだだけでも素敵になります。

リーフチョコ

型抜きチョコレートと作り方は同じですが、
こちらはよりうすく繊細な仕上がり。
葉からチョコレートをはがすときにちょっと注意が必要です。

[材料] アメリカンローリエ約12枚分
クーベルチュールチョコレート（スイート）テンパリングしたもの…約100g
ローリエなどの葉
　　　　…………適量（何度でも使用可）

[下準備]
＊葉をペーパータオルなどでよくふく。
※チョコレートはテンパリングをしたものを100g取り出して使用してください（テンパリングについては9ページを参照）。

1 葉の表裏をよく見て、葉脈がよりはっきりしている面の方に、チョコレートをパレットナイフなどで厚めにぬる。

2 そのまま固まるまで置く。茎に近い方の葉からはがす。

point

葉に水分があるとチョコレートが固まらず、モロモロとくずれてしまいます。洗ったら表面を乾いたペーパータオルなどで十分にふきます。

Q&A　どんな葉を使うといいですか？

アイビーやバラの葉など、厚みがあり、葉脈がしっかりと浮き出ていて、口に入れても害のないものにしましょう。摘んだばかりの生の葉はしなやかで、ぬったときにはがしやすくおすすめです。食用ではない葉を使うことに抵抗のある人は、使用したアメリカンローリエのようなものがいいでしょう。

小さな菓子

チョコロッシェ

「ロッシェ」とは岩のこと。
岩のようにごつごつとした形からこの名前がつきました。
チョコレートをバットに置いたときによって形はいろいろ。
このふぞろいさがかわいいですね。

[材料] 6個分
クーベルチュールチョコレート（ミルク）テンパリングしたもの…大さじ4
アーモンド（縦割りしてあるものを使用）……………………55g

[下準備]
＊アーモンドは140℃のオーブンで約10分ローストして冷ます。
＊天板にオーブンペーパーを敷く。
※チョコレートはテンパリングをしたものを適量取り出して使用してください（テンパリングについては9ページを参照）。

point
テンパリングができていないと、きちんと固まりません。テンパリングは一度失敗しても、40℃を超えなければやり直しが効きます。チョコレートの温度が32℃を超えたら、9ページの3からやり直してください。

1
アーモンドをボウルに入れて、チョコレートを加え混ぜ合わせる。

2
オーブンペーパーの上に1を6個の山になるように置き、そのまま固まるまで置く。スプーンを2本使ってやるとやりやすい。

wrapping
きれいな色のカードを谷折りにし、セロファン袋の中へ。そこにチョコを入れて、細いリボンで結んで。リボンはまわりをピンキングばさみでカットするとカジュアルな雰囲気が出ます。

Chocolat Rocher

準備時間 3時間　難易度 ◆　甘さ ●●

ナッツチョコレート

ナッツが表面だけではなく、中にも入っているので香ばしい！
クーベルチュールチョコとコーティング用チョコを混ぜるだけで、とっても簡単。

[材料]10個分
クーベルチュールチョコレート（スイート）……50g
コーティング用チョコレート（ブラック）……50g
A ┌ クルミ……5個
　 └ カシューナッツ……10個

[下準備]
＊クーベルチュールチョコレートを刻む。
＊クルミ5個を縦半分に切り、10個にしたら、クルミとカシューナッツは、140℃のオーブンで約15分ローストして冷ます。半量をあらく刻む。

1
耐熱性のボウルにコーティング用チョコレートとクーベルチュールチョコレートを入れ、ラップをして電子レンジで1分30秒加熱して溶かし、よく混ぜる。

2
チョコレート用のアルミケースに半分の高さまで、チョコレートを流し入れる。

3
ケースに刻んだクルミ（またはカシューナッツ）を入れ、さらにチョコレートをケースいっぱいまで流し入れて固まるまでしばらく置く。

4
残りのクルミ（またはカシューナッツ）に**1**を少しつける。それをチョコレートの上に置き固める。

point
チョコレート専用として売っているアルミケースは、しっかりしていて使いやすいのでやっぱりおすすめ。もちろん普通のアルミケースも使えます。星型やハート型など、形自体がおもしろいものにすれば、プレゼントにもぴったりです。

Q ナッツ類はオーブンでローストせずに使ってもいいですか？

A 食べられないということはありませんが、必ずローストしてください。ロースト（焼く）することによって、ナッツ類はより香ばしく、歯ざわりもよくなります。ナッツ類を購入するときは、塩が添加されていないか確かめてください。製菓用として売られていないものは、特に注意が必要です。

● 穴あけパンチを使って

穴あけパンチを使って袋を作りましょう。色画用紙を半分に折って、折った部分と口になる部分を除いた2辺に穴あけパンチで穴をあけます。ひもを穴に通していけば、袋のできあがりです。ひもは昔ながらの素朴なものが◎。麻ひもや生成の紙ひも、ラフィアなどが雰囲気が出るのでおすすめです。色画用紙を荷札の形に切って穴をあけ、ひもを通せば、メッセージカードも手作りできます。

家にあるものだけで大丈夫
簡単かわいいラッピングアイデア
wrapping

プレゼントするお菓子は、食べておいしいことも重要ですが、第一印象であるラッピングも大事なポイントです。ただし、過剰なものではなく、相手に負担をかけない、お菓子を引き立てるものがよいでしょう。色画用紙や、荷造り用の麻ひもなど、家にあるもので十分。アイデア次第でかわいいものができますよ。

● 消しゴムを使って

消しゴムやペットボトルのふたにインクをつけて、ラッピングに使う紙にペタペタと押していきましょう。消しゴムは、丸形や四角形など普通のもので大丈夫。1つの消しゴムやふたでも押す場所によって形が違うので、様々な表情が出せます。いろいろな色が入っているスタンプ台があったら、わざと色が混ざり合うようにインクをつけてみましょう。自然なマーブル模様になっておしゃれ度がぐんとアップします。

●ピンキングばさみを使って

ピンキングばさみとは、切り口がギザギザの山形に切れるはさみのことです。主に洋裁で使用するものですが、最近では小さくて安いものが文房具店で売っています。このはさみで、紙を切りましょう。包装紙のまわりをギザギザにしたり、お菓子を飾るリボンの先を切ってもおもしろいものができます。たとえば、お菓子をセロファン袋に入れ、ピンキングばさみでまわりを切った厚紙で結んでみるだけでも素敵。普通の厚紙も工夫しだいでリボンになります。

idea

●すぐできるラッピング法1

ザッハトルテ風や、ガトーショコラなどを少しだけプレゼントするのにぴったりの方法です。好きなラッピング用紙を、ケーキを覆えるくらいの大きさの正三角形に切ります。3つの角に穴あけパンチで穴をあけ、写真のように合わせてひもを通したら、できあがりです。紙質がしっかりしたものの方がよいですが、底辺になる部分に厚紙を敷けば、うすい紙でも大丈夫です。ただし、デコレーションケーキやムースなどのやわらかいお菓子には向きません。専用のケーキケースに入れることをおすすめします。

●すぐできるラッピング法2

プレゼントしたいお菓子のサイズにぴったりの箱がないときは、手作りしてしまいましょう。底辺とマチの寸法（縦と横の長さ）をだいたい決めたら、底辺はその5倍、マチはその4倍の長さを縦にとり、写真のように切れ目と折り線を入れます。一番上のフタになる部分はまるく切って先を細くし、合わせる部分に切り込みを入れます。それがフタになって、きちんと閉じることができます。材質は画用紙くらいの厚さのものがおすすめ。さらにお気に入りのラッピング用紙で包んでもいいでしょう。フィナンシェやクッキーにどうぞ。

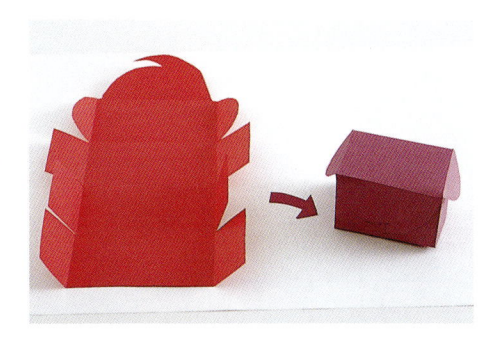

混ぜて焼くだけ
チョコレートを使った焼き菓子

サクッとした歯ざわりは焼き菓子ならではの魅力。
道具を上手に使うとより簡単に失敗なく作ることができます。
比較的保存が効くから、宅配便などで
遠方の友人に贈るプレゼントとしてぴったりです。

PART:2

焼き菓子を失敗しないためのコツ

■ かたくならないように
生地を混ぜすぎると、小麦粉のねばり気が出すぎて、かたくなることがあります。しっかりと生地を混ぜることは重要ですが、こねないようにしましょう。また、オーブンの温度が低すぎると水分が過度に抜けてしまいます。これもかたくなる原因です。

■ オーブンの中の天板の位置は
上下しかない場合は、通常下段に入れます。ただ、持っているオーブンのクセを知ることが重要です。上火がきくものや、その逆、また、場所によって焼きむらのあるものがあります。一度、天板一面にスポンジ生地を流して焼いてみると、どういう点に気をつけたらいいかがわかります。

■ 保存は
焼き菓子は、通常約2週間保存できます。好みにもよりますが、中にはできたてよりも少し時間を置いた方が、おいしいものもあります。フィナンシェ、ブラウニー、カラフルチョコレートクッキーなどは、焼いてすぐはまわりがサクッ、中がしっとりの状態ですが、1日置くと全体がしっとりとなじみます。置く時間で食感の違いが楽しめます。

焼き菓子

Financiers

準備時間 **半日**　難易度 ◆◇　甘さ ●●●

チョコレートフィナンシェ

金の延べ棒の形が「フィナンシェ」の定番ですが、
プレゼントにぴったりなハート型に入れて焼いてみました。
プリンやマフィン、マドレーヌの型でもできます。

[材料] 12個分
ココアパウダー	10g
卵白	80g
粉砂糖	75g
無塩バター	65g
強力粉	5g
薄力粉	15g
アーモンドパウダー	25g
バニラオイル	少々

[下準備]
*型にうすくバター（分量外）をぬる。
*オーブンは180℃に温めておく。

1 小鍋にバターを入れて加熱する。鍋を絶えずゆすりながら、写真のようなきつね色になるまで焦がす。しばらく置いてあら熱をとる。

2 ココアパウダー、粉砂糖、薄力粉、強力粉、アーモンドパウダーを目のあらいざるで合わせてふるい、ボウルに入れる。

3 卵白をよく溶きほぐして**2**にバニラオイルとともに加え、泡立て器で全体を混ぜる（全体を混ぜると写真下のようになる）。

4 **1**を茶こしでこしながら**3**に加えて混ぜる。できれば一晩置くと生地がなじんでよりおいしくなる。

5 型に7分目くらいまで流し入れて、180℃のオーブンで15分焼く。

point
4の焦がしバターを入れるときは、最後の焦げまでしっかりとこして加えましょう。写真のようにゴムべらで押し込むようにするとうまくいきます。こうすることで焦がしバターの風味が生きたおいしいフィナンシェができます。

焼き菓子

ブラウニー

準備時間 **3時間**　難易度 ◆◆　甘さ ●●

材料を混ぜて天板に流して焼くだけ。
きび砂糖の持つ素朴な味わいが隠し味のアメリカ菓子です。
ボリュームがあるから軽食代わりにもなります。

[材料] 30cm×30cmの天板1枚分（36個）
クーベルチュールチョコレート（スイート）……………………150g
卵……………………………4個
グラニュー糖……………100g
きび砂糖（またはブラウンシュガー）
……………………………200g
塩……………………………少々
無塩バター………………125g
薄力粉……………………150g
クルミ……………………100g

[下準備]
＊クルミは140℃のオーブンで15分ローストし、冷ます。
＊チョコレートを刻む。
＊天板にオーブンペーパーを敷く。
＊オーブンは200℃に温めておく。

point
ブラウニーは、完全に冷めてしまってから切ると、全体にひび割れてきれいに切れません。手でさわれる程度に冷めたら、切り分けましょう。

1
チョコレートをボウルに入れ、湯せん（60℃）にかけて溶かし、バターを加えよく混ぜ合わせる。

2
別のボウルに卵、グラニュー糖、きび砂糖を入れ、砂糖類が溶けるまで泡立て器でよく混ぜ合わせる。1に加えてさらに混ぜる。

3
薄力粉と塩をふるいながら加えて混ぜ、さらにクルミを加えて、練らないように注意して全体をよく混ぜる。

4
天板に流し入れる。

5
200℃のオーブンで30分焼く。あら熱がとれたら、完全に冷える前に5cm角に切り分ける。

wrapping

シンプルな封筒を底とマチをとるように広げて、バケツ型にしました。ひもをラフに結びつけ、荷札のようなイメージでカードを添えます。封筒は厚みがあって固い素材のものが向いています。

Brownie

焼き菓子

Sablés au Chocolat • Sablés au Chocolat •

準備時間 **1**日　難易度 ◆◆　甘さ ●●

サブレショコラ

砂のようにさくさくと口のなかでくずれる、バターたっぷりのクッキー。
フードプロセッサーを使えば、びっくりするほど簡単にできます。

[材料] 3.5cmの菊型で60個、10cmで15個分

クッキー生地

卵	1個
A ┌ 粉砂糖	30g
├ 無塩バター	80g
├ 薄力粉	170g
├ ココアパウダー	30g
└ アーモンドパウダー	50g

チョコレートクリーム

クーベルチュールチョコレート（ミルク）	80g
卵黄	1個分
グラニュー糖	大さじ1
生クリーム	50ml
牛乳	50ml

[下準備]
＊フードプロセッサーを使う場合、バターは約1cm角に切り、冷蔵庫で冷やしておく。
＊フードプロセッサーを使わない場合、バターは室温でやわらかくし、クリーム状にしておく。
＊薄力粉、アーモンドパウダー、ココアパウダーを合わせてふるう。
＊天板にオーブンペーパーを敷く。
＊オーブンは180℃に温めておく。
＊チョコレートを刻む。

point
チョコレートクリームは、軽くとろみがつくまで中火で加熱しますが、煮すぎに注意！　80℃を超えると分離してしまいます。絶えずかき混ぜて、とろみがついたらすぐ火を止めましょう。

1
フードプロセッサーにAを入れ、バターが米粒の大きさになるまで混ぜる（フードプロセッサーがない場合は、ボウルに粉砂糖とバターを入れてよく混ぜる）。

2
1に卵を割り入れ、一つにまとまるまでさらに混ぜる。（フードプロセッサーがない場合は、卵を割りほぐして1に加え、よく混ぜ、薄力粉、アーモンドパウダー、ココアパウダーを加えて、練らないようによく混ぜる）。

3
ラップで包み、冷蔵庫で約30分休ませる。フードプロセッサーがない場合は2時間休ませる。

4
3を台の上に置く。ラップを上にのせて、めん棒で5mmの厚さにのばす。

5
大小の菊型で抜く。大きい方はさらに包丁で4等分に切る。それぞれ天板に並べて180℃のオーブンで15分焼く。ケーキクーラーで冷ます。

6
ボウルに卵黄とグラニュー糖を入れ、よく混ぜ合わせた中に沸騰直前まで温めた牛乳と生クリームを入れる。

7
6を鍋に戻し入れて、軽くとろみがつくまで（80℃を超えないように）中火で加熱する。

8
チョコレートをボウルに入れる。7を加えよく混ぜ合わせて冷やす。できれば一晩置く。1cmの星形の口金をつけたしぼり出し袋に入れてサブレの間にしぼる。

焼き菓子

Biscotte

準備時間 **3時間**　難易度 ◆◆　甘さ ●●

ビスコッティ

本来はコーヒーに浸しながら楽しむもので、
そのままで食べるとかなり歯ごたえのあるかたいお菓子。
これは粉の量を少なくして軽く仕上げたので、
気軽に楽しめます。

Q 卵白を泡立てやすくする方法はありますか？

A 新鮮な卵は、最初泡立てにくいものです。そんなときに塩をひとつまみ入れると、卵白がほぐれて泡立てやすくなり、メレンゲ自体も安定します。グラニュー糖にも同じ作用があるので無理に入れる必要はありませんが、ちょっとしたコツとして覚えておくと役立ちます。

[材料] 約12個分

ココアパウダー	20g
卵白	40g
グラニュー糖	50g
塩	少々
薄力粉	10g
アーモンドパウダー	40g
クルミ	30g

[下準備]
＊クルミは140℃のオーブンで約15分ローストし、冷ましてあらく刻む。
＊天板にオーブンペーパーを敷く。
＊オーブンは160℃に温めておく。

point
低温でじっくりと焼くことが大切です。2度焼きすることで水分が飛びからっとしたビスコッティらしい仕上がりになります。1度焼いて切り分けたら、切った断面を上にして、もう一度焼くことをお忘れなく。

1 ボウルに卵白、グラニュー糖1/3量を入れ泡立てる。さらに2回に分けて残りのグラニュー糖を加え泡立て、しっかりしたメレンゲを作る。

2 1にココアパウダー、塩、薄力粉、アーモンドパウダーを合わせたものをふるいながら半量を入れて混ぜる。さらに残りを入れて混ぜたら、クルミを加える。

3 全体が均一になるようボウルの底をかえすように、よく混ぜる。

4 オーブンペーパーの上に約20cm×17cmの大きさに広げ、160℃のオーブンで25分焼く。

5 オーブンから取り出し、熱いうちに1.5cmの厚さに切り分ける。切った断面を上にしてオーブンペーパーの上に並べ、140℃のオーブンでさらに15分焼く。

焼き菓子

準備時間 **3時間**　難易度 ◆　甘さ ●●●

カラフルチョコレートクッキー

色とりどりのチョコがにぎやかでキュートなクッキー。
温かいうちに食べると絶品！ 生地に混ぜ込んだチョコレートがトロ〜っと溶け出します。

[材料] 16個分
丸形チョコレート菓子………100g
卵………………………………1個
グラニュー糖…………………45g
きび砂糖（またはブラウンシュガー）
………………………………30g
塩……………………………少々
無塩バター…………………100g
薄力粉………………………120g
ココアパウダー………………30g
ベーキングパウダー……小さじ1/2
バニラオイル…………………少々

[下準備]
＊バターを室温に戻す。
＊天板にオーブンペーパーを敷く。
＊オーブンは180℃に温めておく。

1 ボウルにバターを入れて練り、グラニュー糖、きび砂糖、塩、バニラオイルを入れ、よく混ぜ合わせ、さらに卵を加えて混ぜる。

2 薄力粉、ココアパウダー、ベーキングパウダーは合わせてふるいながら**1**に加え、練らないようによく混ぜる。

3 チョコレート菓子の2/3量を混ぜる。生地を16等分したら、2本のスプーンを写真のように使ってボール状に丸め、オーブンペーパーに並べる。

4 残りのチョコレート菓子を上から押すように加え、180℃のオーブンで15分焼く。

point 「練らないように混ぜる」とは、全体をかえすようにしっかりと混ぜていくこと。「さっくりと混ぜる」ともいいますが、あらく混ぜて粉っぽさを残したままではいけません。ボウルは反時計まわりに、ゴムべらは時計まわりにまわしながら、ボウルのまわりをこそげるようにテンポよく混ぜていきます。

Colorful Chocolate Cookie

焼き菓子

クッキーショコラ

片側だけにぬったチョコレートと、うすいクッキー生地とがちょうどよいバランス。
食べやすいので多めに作っておいても◎。

[材料] 約20枚分
クーベルチュールチョコレート（スイート）……………………適量
卵白……………………50g
粉砂糖…………………30g
グラニュー糖…………15g
無塩バター……………20g
牛乳……………………大さじ1
薄力粉…………………25g
アーモンドパウダー…30g
バニラオイル……………少々

[下準備]
＊バターと牛乳を室温に戻す。
＊天板にオーブンペーパーを敷く。
＊オーブンは170℃に温めておく。

1 ボウルにバターを入れて練り、粉砂糖、牛乳、バニラオイルを加えてよく混ぜる。

2 1に薄力粉とアーモンドパウダーをふるいながら加え、混ぜ合わせる。

3 ボウルに卵白、グラニュー糖1/3量を入れ泡立てる。さらに2回に分けて残りのグラニュー糖を加え、泡立て、しっかりしたメレンゲを作る。

4 2に3を2回に分けて加える。

5 直径1cmの丸形の口金をつけたしぼり出し袋に入れ、オーブンペーパーの上に直径2〜3cmの大きさに間隔をあけてしぼり出し、170℃のオーブンで15分焼く。ケーキクーラーの上で冷ます。

6 チョコレートを湯せん（60℃）で溶かし、**5**のクッキーの裏にぬる。

7 固まらないうちに、ケーキナイフ（波刃）で模様をつける。

point
ケーキナイフ（波刃）は、ケーキやパイを切るときにも使います。クリームをぬった面に45°の角度にあて、ゆっくりと上下に動かすと模様ができます。

wrapping
かわいい便せんの裏（柄がある部分）を、山折りと谷折りを繰り返して波形に折ってセロファン袋の中に入れます。お菓子を入れて、お弁当によく使うピックで縫うように刺して留めたらできあがり。

準備時間 **半日**　難易度 ◆◆　甘さ ●●●

Cookie
Chocolat

焼き菓子

Chocolate Paff Bar

準備時間 **3時間**　難易度 ◆　甘さ ●●●

チョコパフバー

ちょっとお腹がすいたときに、さっとつまめるお菓子です。
違うシリアルを入れたり、切る長さや細さを変えたり、自己流に楽しんで。

[材料] 11cm×9cm 8本分
クーベルチュールチョコレート（スイート）……50g
無塩バター……50g
マシュマロ……60g
チョコレートシリアル……50g
スライスアーモンド……30g

[下準備]
＊チョコレートを刻む。
＊アーモンドは140℃のオーブンで約10分ローストして冷ます。
＊バットにオーブンペーパーを敷く。

1 鍋にバターを入れ中火で溶かして、マシュマロを加える。よく混ぜながら溶かしてクリーム状にする。

2 火を止めて、チョコレートを加えよく混ぜる。さらにチョコレートシリアルとアーモンドを加え混ぜる。

3 バットに**2**を流し入れる。11cm×9cmの長方形に形作り、冷えるまで置く。

4 固まったら横半分に切り、さらに5等分にする。

point
チョコバーに厚みをつけたい場合は、オーブンペーパーをバットの高さより出るように大きめにカットして敷きます。流して、あら熱がとれたら、オーブンペーパーの上から手で好みの厚さに整えましょう。

wrapping
色画用紙を細長く切って合わせた部分と底になる部分をステープラーで留めます。とても簡単なので目分量で切っても大丈夫。ラフなラッピングなので、気のおけない友達へのプレゼントにおすすめです。

Q&A

Q チョコパフバーのアレンジ方法を教えてください。

A ドライフルーツが入ったシリアルやコーンフレークなど、基本的にどんなシリアルを入れてもおいしくできます。マシュマロはつなぎの役割をするので必ず入れてください。もちろんミルクやホワイトのチョコレートを使ってもOKです。

焼き菓子

準備時間 **3時間**　難易度 ◆　甘さ ●

キッスクッキー

口の中に入れるとほろほろとくずれるような食感のクッキーです。
まわりに粉砂糖をつけたら、和菓子のような外見。
和風のラッピングでプレゼントして驚かせてみてはいかが？

[材料] 20個分
クーベルチュールチョコレート(スイート)……75g
卵……1個
粉砂糖……適量
無塩バター……60g
薄力粉……120g

[下準備]
＊チョコレートを刻む。
＊天板にオーブンペーパーを敷く。
＊オーブンは150℃に温めておく。

1 チョコレートをボウルに入れ湯せん(60℃)にかけて溶かし、バターを加えてよく混ぜる。

2 卵を割りほぐして加え、よく混ぜる。

3 ふるった薄力粉を加えて、練らないようによく混ぜる。

4 20等分にし、手でボール状に丸めてオーブンペーパーの上に並べ、150℃のオーブンで20分焼く。

5 バットに粉砂糖を入れる。**4**が焼けたら温かいうちにバットの中に入れ、粉砂糖をまぶしてから冷ます。

point
温かいうちに、粉砂糖をまぶさないとクッキーのまわりにきれいにつきません。ただ熱すぎると砂糖が溶けてしまうので、あら熱がとれてからにしましょう。

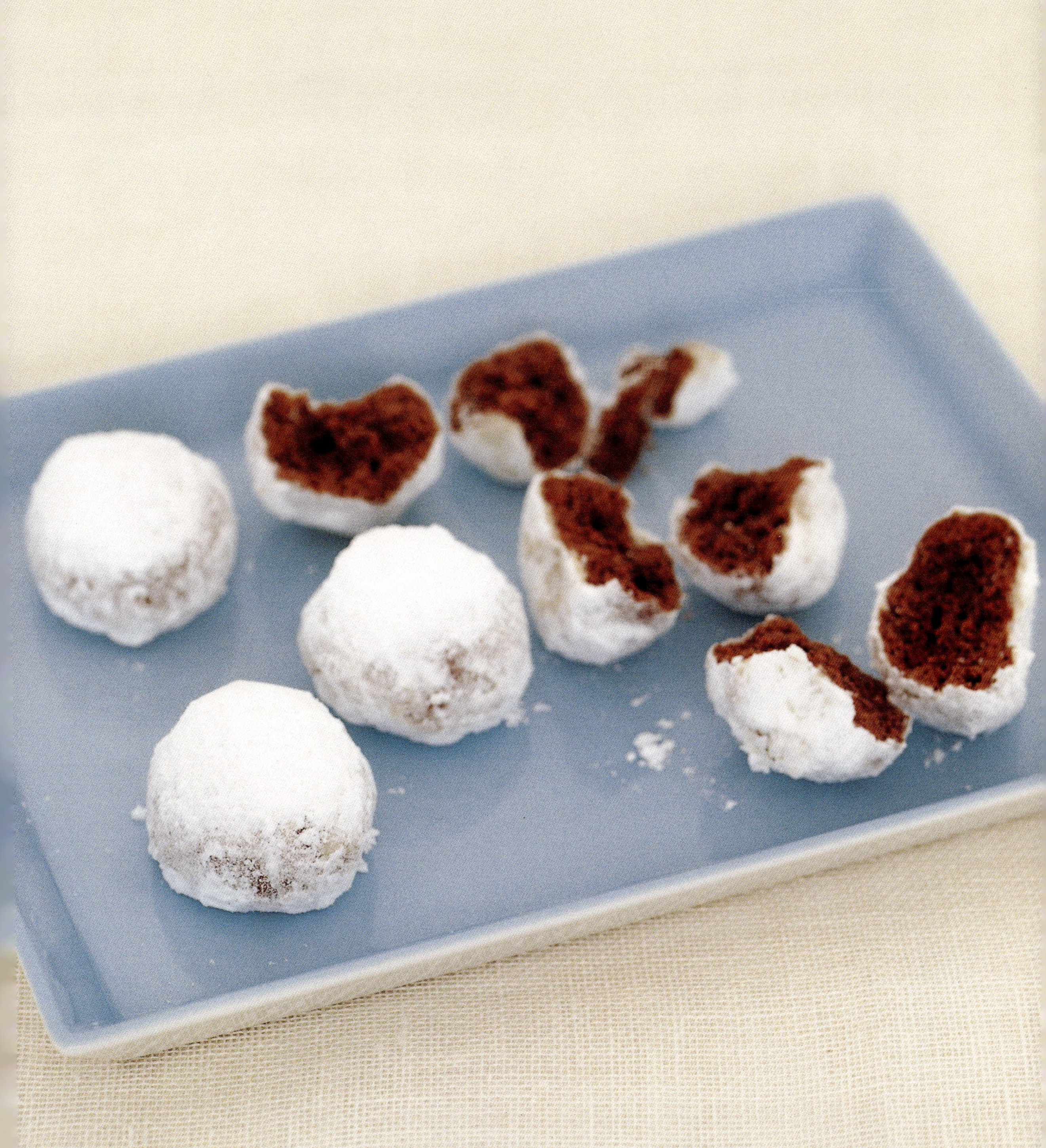

焼き菓子

Chocolate in Brioche

56

準備時間 **半日**　難易度 ◆◆　甘さ ●

チョコインブリオッシュ

卵とバターがたっぷり入ったリッチなパン生地に、チョコレートを入れました。
ブリオッシュ型独特のキノコのような形がユーモラスです。
型がない場合は、プリン型や厚手のアルミカップなどで代用できます。

[材料] ブリオッシュ型10個分
クーベルチュールチョコレート(スイート) ……………………… 70g
卵 …………………………… 2個
グラニュー糖 ……………… 10g
塩 ………………………… 小さじ1/2
無塩バター ………………… 80g
牛乳 ……………………… 大さじ2
強力粉 ……………………… 150g
薄力粉 ……………………… 20g
ドライイースト ……………… 2g
つや出し用
卵 …………………………… 1個

[下準備]
＊バターを室温に戻す。
＊型にバター(分量外)をぬる。
＊オーブンは180℃に温めておく。
＊チョコレートを10等分に切っておく。

point
パン生地をふわっとやわらかく仕上げるためには、**3**で根気よく混ぜることが大切です。生地がちぎれずに伸びるようになるまで、がんばってしっかりとこねましょう。

1
牛乳、薄力粉、ドライイーストをよく混ぜ合わせ、上に強力粉をかぶせて、暖かい場所(室温約35℃)にしばらく置く。

2
写真のように粉の表面に亀裂が入ったら、卵、グラニュー糖、塩を加え手でよく混ぜ合わせる。

3
バターを加え、さらに手でよく混ぜ合わせ、生地が切れずになめらかに伸びるまでよくこねる。

4
3が入ったボウルの上からラップをして、暖かい場所(室温約35℃)で2倍にふくらむまで置く(写真下のようにふくらむくらいまで)。

5
4を台の上で軽く叩いてガス抜きをし、10等分して乾いたふきんをかぶせて、約5分休ませる。チョコレートを包み、ブリオッシュ型に入れる。

6
暖かい場所(室温約35℃)にしばらく置く。型いっぱいにふくらんだら、溶き卵をぬり、180℃のオーブンで15分焼く。

秘伝のテクニックでバリエーション豊かに
チョコレートを使ったケーキ

ケーキはちょっとした混ぜ方や配合の違いで、食感や見た目が異なる様々なタイプのものができます。菓子作りの楽しさが味わえるのはケーキではないでしょうか。
プレゼントにするなら、ガトーショコラやシフォンなど、
焼きっぱなしで形のくずれにくいものがおすすめです。

PART:3

ケーキを失敗しないためのコツ

■ **上手に焼くために**

混ぜた生地を型に流すとき、流し終わりの生地は真ん中ではなく端に流しましょう。

最後の方の生地は、卵の泡がつぶれてふくらむ力が弱いので、真ん中に入れると中央がふくらまないこともあるので気をつけてください。

■ **違う大きさの型を使うには**

「本で使っている型が20cmだけど、自分は18cmの型しか持っていない」。そんなときも大丈夫。おおよその分量は卵を基準にして出すことができます。例えば、20cmの型で卵を4個使用していたら、18cmでは3個、16cmでは2個になります。砂糖の分量が120gだったら、120gを4で割り、卵1個あたりの砂糖の分量30gを出します。18cmでは3個使っているので30gに3をかけると90g。よって18cmの型の砂糖の量は90gになります。このように砂糖以外の材料も出していけば、新しい型を用意しなくても、ケーキができるというわけです。

■ **保存は**

どのケーキもできあがり直後よりも、1時間くらい置いた方が味がなじんでおいしくなります。クリームを使ったブッシュ ド ノエルやショートケーキ、火を通さないムースケーキは、日持ちがしません。1両日中に食べましょう。逆にザッハトルテやガトーショコラなどは、むしろ1日置いた方が味がなじんでおいしく食べられます。

ケーキ

Sachertorte

準備時間 **1日**　難易度 ◆◆◇　甘さ ●●○

ザッハトルテ風

昔オーストリアのザッハさんという菓子職人が作り、
時の王に愛された名菓がザッハトルテ。
サクッとした表面と中のしっとりした生地の対比が人気です。
手軽に作れるように少しアレンジしています。

wrapping

ケーキというとかしこまって箱に入れてプレゼントするイメージがありませんか？ 色紙をくるくると丸めてステープラーで留めて、袋に入れたケーキをのぞかせれば、もっと気軽にケーキを渡せそう。

[材料] マンケ（丸浅）型18cm

- クーベルチュールチョコレート（スイート）……150g
- 卵黄……3個分
- グラニュー糖……80g
- 無塩バター……120g
- 薄力粉……120g

メレンゲ
- 卵白……3個分
- グラニュー糖……50g

上掛け用
- A ┌ アプリコットジャム……100g
   └ グラニュー糖……20g
- クーベルチュールチョコレート（スイート）……80g
- B ┌ グラニュー糖……180g
   └ 水……100ml

[下準備]

* チョコレートを刻む。
* バターは室温に戻す。
* 型にバター（分量外）をぬり、底は紙（上質紙）を敷く。
* オーブンは180℃に温めておく。

point

7でチョコレートをかけた後、パレットナイフで手早く伸ばします。時間をかけると冷えて固まってしまい、表面のつやっとした光沢が出ません。チョコレートは、全体に均一にまわしかけるようにしましょう。

1 ボウルにバターとグラニュー糖を入れ、泡立て器で白っぽくなるまで混ぜ、卵黄を加えて混ぜる。

2 チョコレートを湯せん（60℃）で溶かし、1に加えてよく混ぜる。

3 別のボウルに卵白とグラニュー糖の1/3量入れ泡立てる。さらに2回に分けて残りのグラニュー糖を加え、泡立て、しっかりしたメレンゲを作る。

4 2に薄力粉をふるいながら加え、練らないように混ぜたら、3のメレンゲを半量加えてつぶさないように混ぜる。

5 さらに残りのメレンゲを加えて混ぜ、型に流す。型を台に数回落として空気を抜く。160℃のオーブンで50分焼く。

6 型から出してケーキクーラーの上で冷ます。底面の凸凹を切り落とし平らにする。Aを鍋でとろみがつくまで煮詰めてケーキの上に流してパレットナイフでのばし、表面を冷ます。

7 別の鍋にBを入れて溶かし、チョコレートを加える。温度計を差し込み108℃になるまで煮詰める。少し冷ましてから6の上にかけてのばし、固める。

61

ケーキ

準備時間 **半日** 　難易度 ◆◇ 　甘さ ●●

ガトーショコラ

チョコレートケーキの代表選手がコレ。焼きっぱなしなので手間いらず。
形がくずれにくく、プレゼントにもぴったりです。
焼き上がってしばらくすると沈みますが、ご心配なく。
これもこのケーキの味わいのひとつなんです。

[材料] 18cm丸型
クーベルチュールチョコレート(スイート)……………………100g
A ┌ 卵黄……………………3個分
　└ グラニュー糖……………50g
生クリーム………………50ml
無塩バター………………60g
薄力粉……………………20g
ココアパウダー……………30g
粉砂糖……………………少々
メレンゲ
卵白………………………3個分
グラニュー糖………………60g

[下準備]
＊チョコレートを刻む。
＊バターは室温に戻す。
＊型の側面は紙(上質紙)で覆う。
＊オーブンは170℃に温めておく。

point
卵白を泡立てるとき、グラニュー糖必ず3回に分けていれましょう。グラニュー糖を加えて泡立てていくうちにかたくなり、つやがでてきたら次の砂糖を加えるようにし、ボウルを逆さまにしてもメレンゲが落ちない程度まで泡立てます。

1 ボウルにチョコレートと生クリームを入れ、ラップをして電子レンジで約2分加熱するか湯せん(60℃)で溶かす。よく混ぜ、バターを加える。

2 別のボウルにAを入れて混ぜながら湯せんにかける。Aが人肌に温まったら湯せんからはずし、リボン状になるまで泡立てる。

3 2を1に加えて混ぜ合わせ、ココアパウダーと薄力粉を合わせてふるいながら入れ、練らないようによく混ぜる。

4 別のボウルに卵白、グラニュー糖1/3量を入れて泡立て、さらに2回に分けて残りのグラニュー糖を加え、泡立て、しっかりしたメレンゲを作る。

5 3に4を2回に分けて加えて、メレンゲをつぶさないように全体を混ぜる。

6 型に流し入れて、170℃のオーブンで1時間焼き、型からはずす。ケーキクーラーの上で冷ます。

7 まわりの紙をとって、粉砂糖をふる。

Gâteau Chocolat

ケーキ

ガトー フォレ ノワール

ドイツのバーデン地方の黒い森をイメージしたケーキです。
豪華に見えるデコレーションは削ったチョコを貼りつけただけという簡単さ。
本来はサワーチェリーを使いますが、ダークチェリーでもおいしくできます。

Gâteau de la Forêt Noire

[材料] 18cmマンケ(丸浅)型

- クーベルチュールチョコレート(スイート) ……… 50g
- A [卵 ……… 3個
-   [グラニュー糖 ……… 90g
- 生クリーム ……… 400ml
- 粉砂糖 ……… 40g
- 薄力粉 ……… 50g
- ココアパウダー ……… 20g
- サワーチェリー(シロップ漬け) ……… 936g(1びん)

キルシュシロップ
- キルシュ ……… 大さじ2
- サワーチェリーの缶汁 ……… 50ml

※サワーチェリーはびん詰(缶詰)で売られているものを使用。

[下準備]
* 型にバター(分量外)をぬって強力粉(分量外)をうすくはたく。
* オーブンは180℃に温めておく。

Point: 厚紙をスポンジの大きさに切っておき、ケーキの下に敷きます。厚紙ごと一方の手の平にケーキをのせれば、もう一方でクリームをぬることができます。わざわざ回転台を買わなくても大丈夫！

準備時間 **1日**

難易度 ◆◆◆　甘さ ●●○

1 ボウルにAを入れて混ぜながら湯せんにかける。Aが人肌に温まったら湯せんからはずし、リボン状になるまで泡立てる。

2 1に薄力粉とココアパウダーを合わせてふるいながら2回に分けて加え、練らないようによく混ぜる。

3 型に流し入れる。型を台に数回落として空気を抜く。180℃のオーブンで20分焼きスポンジを作る。

4 型から出し、ケーキクーラーの上で冷ます。冷えたらナイフで厚さを3等分する。

5 3等分したうちの1枚を厚紙の上に置き、沿わせながら厚紙をスポンジの大きさに切る。

6 サワーチェリーの缶汁に、キルシュを加えてシロップを作る。5の厚紙に4を1枚のせてぬる。

7 生クリームに粉砂糖を加えて7分立てにする。そのクリームを6にぬる。

8 7に水分を切ったチェリーを半量のせ、生クリームをぬる。2枚目のスポンジをのせ同様にシロップをぬりクリームとチェリーを挟み、残りのスポンジをのせ全体にシロップと生クリームをぬる。

9 チョコレートをナイフを使って細かく削る。

10 9をケーキ全体につける。冷蔵庫で1時間程おいてなじませる。チョコレートは手でさわると溶けてしまうので、カードなどでつける。

ケーキ

エンゼルムースケーキ
Angel Mousse Cake

ホワイトチョコのまろやかな風味がたっぷりの濃厚なムースケーキです。
切ると間のシュクセ生地が顔を出すのがおしゃれ。
冷やしてから食べると、よりおいしく頂けます。

準備時間 **半日**　難易度 ◆◆◆　甘さ ●●●

wrapping
親しい人におすそ分けするときは、ラッピングはゴミにならないものがベスト。プラスティックの保存容器のふたを下にして色紙を敷き、ケーキをのせて上から容器をかぶせて。今度会うときに容器だけを返却してもらえばOK！何度でも使えるワザです。

[材料] 20cmセルクル型
製菓用チョコレート（ホワイト）
　　　　　　　　　　　　　　60g
卵黄　　　　　　　　　　　3個分
グラニュー糖　　　　　　　　60g
生クリーム　　　　　　　　150ml
牛乳　　　　　　　　　　　400ml
ゼラチン　　　　　　　　　　10g
水　　　　　　　　　　　　60ml
バニラエッセンス　　　　　　少々

シュクセ生地
卵白　　　　　　　　　　　100g
粉砂糖　　　　　　　　　　少々
グラニュー糖　　　　　　　　25g
薄力粉　　　　　　　　　　15g
アーモンドパウダー　　　　　50g

※シュクセ生地とは、卵白、アーモンドパウダーと砂糖を混ぜて焼き上げた生地のことです。

[下準備]
＊直径18cmと21cmの円形に厚紙を切って天板にのせ、その上にオーブンペーパーを敷く。
＊しぼり出し袋に直径1cmの丸形の口金をつける。
＊ゼラチンを水にふり入れ、ふやかしておく。
＊チョコレートを刻む。
＊オーブンは200℃に温めておく。

point
3で、天板に円状にしぼり出すときに、直径18cmと21cmの円を厚紙で作っておくと楽です。それをオーブンペーパーの下に敷いてしぼれば、きれいで正確な円形になります。

1 シュクセ生地を作る。ボウルに卵白、グラニュー糖1/3量を入れて泡立て、さらに2回に分けてグラニュー糖を加え、泡立て、しっかりしたメレンゲを作る。

2 アーモンドパウダーと薄力粉をあわせてふるい、1に加えてむらにならないようによく混ぜる。

3 しぼり出し袋に2を入れ、天板に直径18cmと21cmの円状にしぼり、上に粉砂糖をふる。焼くと縮むので底は20cmの型よりも少し大きくしぼる。

4 下に敷いた厚紙をとり、200℃のオーブンで10分焼く。ケーキクーラーの上で冷まし、21cmで焼いた方は、20cmのセルクル型で抜いて余分を切り落とす。

5 ボウルに卵黄とグラニュー糖を入れ、よく混ぜ合わせた中に沸騰直前まで温めた牛乳を加えよく混ぜる。

6 5を鍋に戻し入れ、木べらで混ぜながら中火で加熱する。とろみがついたらボウルにうつし、ゼラチンとチョコレートを加えて溶かし、あら熱をとる。

7 生クリームに、バニラエッセンスを加え、7分立てにする。6に2回に分けて入れ混ぜる。軽くとろみがついた状態になる。

8 セルクル型にラップをはり、輪ゴムで留めて底を作る。

9 セルクル型の底に4を敷き、7を半量流し入れたら、さらに18cmのシュクセ生地をのせ、残りを流し入れる。冷蔵庫で約2時間冷やし固める。

10 ラップをはずし皿にのせる。ぬらしたタオルを電子レンジで約2分加熱し、セルクル型のまわりにあててセルクルから抜く。

67

ケーキ

準備時間 **半日**　難易度 ◆◆　甘さ ●●

チョコレートシフォン

シフォンとは「絹」のこと。その名の通りふんわりやわらかいケーキです。さっぱりとした軽い食べ心地なので、食後のデザートでも大丈夫。ぺろりと食べられてしまいます。ここでは紙のシフォン型を使っていますが、通常の金型でももちろんOKです。

wrapping

シフォンは型からきれいに出せないのでは……と不安なもの。紙の型からはずさずに、そのままワックスペーパーやパラフィン紙でざっくりと包んでしまいましょう。わざと雑に口をぎゅっと結んだ方がおしゃれな雰囲気が出ます。

[材料] シフォン型17cm

卵黄	3個分
グラニュー糖	20g
牛乳	65ml
薄力粉	45g
ココアパウダー	25g
サラダ油	55ml
メレンゲ	
卵白	4個分
グラニュー糖	40g
酒石酸（しゅせきさん）	少々

※酒石酸はメレンゲを安定させるためのもの。なかったら入れなくてもOK。

[下準備]
＊オーブンは180℃に温めておく。

1 ボウルに卵黄、グラニュー糖、牛乳を入れ混ぜ合わせ、サラダ油を加え、さらに混ぜる。薄力粉とココアパウダーをふるい入れ、よく混ぜる。

2 別のボウルに卵白、酒石酸、1/3量のグラニュー糖を加え泡立てたら、さらに2回に分けて残りのグラニュー糖を加え、泡立て、しっかりしたメレンゲを作る。

3 1に2を2回に分けて加え、メレンゲをつぶさないようにしながらしっかりと全体を混ぜる。シフォン型に半量流し入れる。

4 型を持って、上から何度か台に落として空気を抜き、残りを流したら(型の7分目まで)同じようにもう一度空気を抜く。

5 180℃のオーブンで35分焼き、型を逆さにして冷ます。

point

空気は2回に分けて抜くようにしましょう。こうすることで生地がしっかりと型に入り、焼き上がった生地に、大きな空気穴があくのを防げます。

ケーキ

チョコメレンゲ

準備時間 半日　難易度 ◆◆　甘さ ●●●

手のひらにのってしまう小さな小さなケーキです。
メレンゲ菓子は低温でじっくり焼くのがポイント。
口の中でシュワっと溶けるメレンゲのおいしさを味わってください。

[材料] 8個分
ココアパウダー……………………20g
卵白………………………………90g
グラニュー糖……………………90g
粉砂糖……………………………70g
チョコレートクリーム
クーベルチュールチョコレート（スイート）……………………………60g
マスカルポーネチーズ……………60g

[下準備]
＊天板にオーブンペーパーを敷く。
＊チョコレートを刻む。
＊オーブンは130℃に温める。

1 ボウルに卵白、グラニュー糖1/3量を入れて泡立て、さらに2回に分けて残りのグラニュー糖を加え、泡立て、しっかりしたメレンゲを作る。

2 粉砂糖とココアパウダーを合わせてふるい入れ、よく混ぜる。

3 2を1.3cmの丸形の口金をつけたしぼり出し袋に入れ、オーブンペーパーの上に6cm×3cmのだ円形に16個しぼる。130℃のオーブンで1時間15分焼き、ケーキクーラーの上で冷ます。

4 チョコレートは湯せん（60℃）で溶かし、あら熱がとれたらマスカルポーネチーズを混ぜ合わせてクリームを作る。

5 3を2個1組として、間にスプーンなどでぬり、4をはさむ。

point
メレンゲを作るボウルは、油分や水分が付着していないきれいなものを使いましょう。少しでも油分があると卵白がうまく泡立たないので気をつけて。

wrapping
細長く色画用紙を切って、チョコメレンゲを2つ1組にして巻きます。そのままセロファン袋に入れてできあがり。セロファン袋は、製菓材料店にあります。巻いた紙にメッセージを書いてみても素敵に仕上がります。

Meringues Chocolats

ケーキ

Chocolate Tarte

準備時間 **半日**　難易度 ◆◆◆　甘さ ●

チョコレートタルト

しっかりとカカオの味がしてけっして甘くない、
大人向けの味に仕上げています。
タルト生地は空焼きをして、よりサクサクとした歯ざわりを出しました。

[材料] 20cmタルト型
クーベルチュールチョコレート（スイート）……………………180g
卵……………………………1個
卵黄………………………2個分
粉砂糖………………………60g
生クリーム………………180ml
無塩バター…………………80g
牛乳………………………65ml
強力粉………………………75g
薄力粉………………………75g

[下準備]
＊チョコレートを刻む。
＊バターは1cm角に切り冷蔵庫で冷やしておく。
＊オーブンは200℃に温めておく。

point
冷蔵庫で冷やした生地は、いきなりめん棒でのばしはじめるのではなく、めん棒で、トントントンと数回叩いて生地をほぐしましょう。生地がのばしやすくなります。

1 フードプロセッサーに粉砂糖、バター、強力粉、薄力粉を入れて混ぜる。バターが米粒くらいの大きさになったら卵黄を加え、一つにまとまるまでさらに混ぜる（フードプロセッサーがない場合は、45ページを参照）。

2 ラップに包み約1時間冷やしたら、打ち粉（分量外）をした台にとる。3mmの厚さにのばし、タルト型に敷き入れる。

3 はみだした端は包丁でカットし、フォークで全体に穴をあける。

4 ひとまわり小さい焼き型（他の種類の型で可）をのせ200℃のオーブンで7分、型をはずしてさらに約7分、生地が軽いきつね色になるまで焼く。

5 鍋に牛乳と生クリームを沸騰直前まで加熱し、チョコレートを入れたボウルに加えて溶かす。溶き卵を加えて混ぜる。

6 こしながら**4**のタルト生地の中に流し入れ、150℃のオーブンで15分焼く。あら熱がとれてから、型から出し、ケーキクーラーの上で冷ます。

ホワイトチョコレート チーズケーキ

チーズの爽やかな酸味がホワイトチョコレートとよく合います。
カッテージチーズを使って、こくがありながらもヘルシーに仕上げました。

準備時間 **半日**　難易度 ◆◆◆　甘さ ●

[材料] 18cm丸型
製菓用チョコレート(ホワイト)
　　　　　　　　　　250g
卵　　　　　　　　　3個
粉砂糖　　　　　　　30g
サワークリーム　　　90g
クリームチーズ　　　200g
カッテージチーズ　　200g
バニラオイル　　　　少々
台
小麦胚芽入りビスケット　120g
無塩バター　　　　　40g
アーモンドパウダー　30g
上掛け用
グラニュー糖　　　　30g
サワークリーム　　　150g

[下準備]
＊チョコレートを刻む。
＊クリームチーズとカッテージチーズを室温に戻してやわらかくする。
＊型の底と側面にオーブンペーパー(または上質紙)を敷く。
＊オーブンは180℃に温めておく。

point
1でフードプロセッサーがない場合は、きれいなビニール袋にビスケットを入れ、めん棒などで叩いてください、溶かしバターとアーモンドパウダーと合わせます。

1 フードプロセッサーにビスケットとバター、アーモンドパウダーを入れて混ぜ、細かくする。

2 型に**1**を約6.5cmの高さになるよう押しつけながら入れる。180℃のオーブンで7分焼いて冷ましておく。

3 ボウルにチョコレートとサワークリームを入れ、湯せん(60℃)にかけて溶かす。

4 別のボウルにクリームチーズとカッテージチーズを練ってやわらかくする。粉砂糖を加えてよく混ぜ、**3**を加える。

5 さらに溶きほぐした卵、バニラオイルを加えよく混ぜる。

6 **2**の中に**5**を流し入れ150℃のオーブンで50分焼く。

7 ボウルにサワークリームとグラニュー糖を合わせて、よく混ぜたものを、**6**の上に流し、さらに200℃で7〜8分焼き、そのまま1時間程冷まして型から抜く。

White Chocolate CheeseCake

ケーキ

ブッシュ ド ノエル
Bûche de Noël

クリスマスの定番といえば切り株形の、このケーキ。
これはメレンゲできのこをつくった豪華バージョンですが、
市販のクッキーやビスケットなどで飾るのも簡単で楽しいアイデアです。

準備時間 **1日**
難易度 ◆◆◇　甘さ ●●●

[材料] 30cm×30cm天板1枚分

A ┌ 卵 3個
　├ 卵黄 1個分
　└ グラニュー糖 90g
無塩バター 20g
薄力粉 70g
バニラオイル .... 少々

ラム酒シロップ
ラム酒 大さじ2
グラニュー糖 20g
水 40ml

チョコレートクリーム
┌ クーベルチュールチョコレート
│ （スイート）............... 200g
└ 生クリーム 200ml
生クリーム 200ml

飾りきのこ
卵白 1個分
グラニュー糖 60g
ココアパウダー .... 少々
粉砂糖 .... 少々

[下準備]

＊バターは耐熱性のボウルに入れラップをして電子レンジで約1分加熱して溶かす。
＊鍋にグラニュー糖と水を煮溶かし、冷めたらラム酒を加えラム酒シロップを作る。
＊チョコレートを刻み、生クリームと合わせる。電子レンジで2分30秒加熱しよく混ぜ、室温に冷ましてチョコレートクリームを作る。
＊しぼり出し袋に、直径7mmの丸形の口金をつける。
＊オーブンは190℃に温めておく。

point
3では、小さい器でバターと生地の一部をよく混ぜあわせてから、生地全体と混ぜ合わせるようにします。こうすることでバターが生地に混ざりやすく沈みにくくなります。

1 ボウルにAを入れて混ぜながら湯せんにかける。Aが人肌に温まったら湯せんからはずし、リボン状になるまで泡立てる。

2 薄力粉をふるいながら、2回に分けて加え、練らないように全体をよく混ぜる。

3 下準備のバターを入れたボウルに、**2**の1/5量とバニラオイルを加えよく混ぜ、**2**に戻し入れ、練らないようによく混ぜる。

4 アルミホイルを敷いた天板に流し入れ、190℃のオーブンで13分焼く。

5 焼き上がったら、アルミホイルをつけたまま全体を巻いて冷ます。

6 冷めたらていねいにアルミホイルをひろげはがし、ラム酒シロップをぬる。

7 生クリームを8分立てにし、チョコレートクリームと合わせる。その2/3量を**6**にぬる。スポンジを巻き、新しいアルミホイルで覆う。冷蔵庫で冷やして全体をなじませる。

8 アルミホイルをはずし、端を切り落として形を整え、上にのせる切り株の部分を切る。

9 全体に残りの**7**のチョコレートクリームをぬる。切り株の部分をのせ、そのまわりにもぬり、フォークで模様をつける。

10 ボウルに卵白とグラニュー糖を1/3量入れ泡立てる。さらに2回に分けて残りのグラニュー糖を加え、泡立て、しっかりしたメレンゲを作る。

11 しぼり出し袋に**10**を入れ、アルミホイルの上に1.5cmの半球と1cmの円すいをしぼり出す。円の上にはココアパウダーをふる。110℃のオーブンで1時間半焼く。

12 チョコレートクリームで半球と円すいをくっつけて、きのこを作り、ケーキに飾り、粉砂糖をふる。

チョコレートショートケーキ

生クリームとチョコクリームのダブル使いで、軽い口当たりのケーキに仕上げました。従来のショートケーキのイメージを打ち破る、ほろ苦い大人の味のケーキです。

[材料] 18cm丸型

ココアパウダー……20g
A [卵……3個
    グラニュー糖……90g]
薄力粉……50g
チョコレートクリーム
B [クーベルチュールチョコレート(スイート)……75g
    ココアパウダー……15g
    グラニュー糖……15g
    生クリーム……75ml]
生クリーム……360ml
飾り用
いちご……1パック
生クリーム……65ml
コアントローシロップ
コアントロー……大さじ2
グラニュー糖……20g
水……40ml

[下準備]
＊鍋にグラニュー糖と水を煮溶かして冷まし、コアントローを加え、シロップを作る。
＊型の側面と底に紙を敷く。
＊オーブンは180℃に温めておく。

point
型の側面と底には紙(上質紙)を別々に敷きます。底は直径に合わせて丸く切ります。まわりは、写真のように細かく切れ目を入れて側面に沿わせるようにしてください。

1 ボウルにAを入れて混ぜながら湯せんにかける。Aが人肌に温まったら湯せんからはずし、リボン状になるまで泡立てる。

2 薄力粉とココアを合わせてふるいながら、2回に分けて加え、練らないようによく混ぜる。

3 型に流し入れ、180℃のオーブンで35分焼く。

4 型から出し、ケーキクーラーの上で冷ます。冷めたら厚さを2等分する。

5 厚紙の上に**4**のうちの1枚を置く。スポンジの丸さに合わせて厚紙を切る(65ページの**5**参照)。スポンジの表面にコアントローシロップをぬる。

6 鍋にBを入れ弱火で溶かす。ボウルに移し、室温まで冷ましたら、生クリームを加え、底を氷水にあてながら7分立てにする。

7 **5**に**6**をぬり、半分に切ったいちごをのせる。さらにクリームを上からかけ、残りのスポンジをのせる。

8 台紙ごと手に持ってまわりにもクリームをぬる。

9 飾り用の生クリームを7分立てにし、**8**の表面にパレットナイフで適当にぬりつけて、いちごを上に飾る。

準備時間 **1日**
難易度 ◆◆◆ 甘さ ●●

Chocolate Short Cake

できたてを食べたい
温かい&冷たいチョコレート菓子

「キンと冷たくして」「熱々にして」と食べる温度に注意して味わいたいお菓子です。
冷たいお菓子は、夏はもちろん冬の暖かい部屋で食べるとおいしさは格別です。
温かいお菓子はプレゼントにはあまり向きませんが、
大切な人を家に招くおもてなしのお菓子にはぴったり。ぜひ熱々を2人で食べてください。

PART:4

温かい＆冷たい菓子を失敗しないためのコツ

■ 型から出すとき

フォンダンショコラは、熱々をすぐに型から取り出して食べるのがおいしさの秘密。取り出すときはミトンをして型を持ち、横にして軽くトントンと叩きます。まわりに空気が入り、スムーズに型からとり出せます。

■ 保存は

どれもできたてが一番おいしいものなので、1両日中に食べてください。とくにチョコレートムースは火が通っていないので、食べごろまで冷やしたらすぐに食べて。保存も常温ではなく冷蔵にしてください。

温かい菓子

準備時間 **3時間**　難易度 ◆◆　甘さ ●●●

フォンダンショコラ

本来は中に溶けるガナッシュを入れ込み、
まわりの生地を別に作る手間のかかるお菓子です。
1つの生地でもできるようにと
考えた自信作です。

[材料] プリン型4個分
クーベルチュールチョコレート（スイート）……60g
A ┌ 卵………………2個
　 └ グラニュー糖…35g
無塩バター………60g
薄力粉……………20g
クリームアングレーズ
牛乳………………100ml
B ┌ 卵黄……………1個分
　 └ グラニュー糖…15g
バニラエッセンス……少々

[下準備]
＊チョコレートを刻む。
＊型にバター（分量外）をぬる。
＊オーブンは190℃に温めておく。

point
中心まで火を通さないことが成功の秘けつです。生地が温かいとすぐ火が通ってしまうので、焼く前に必ず冷蔵庫でしっかり冷やしましょう。

1 チョコレートをボウルに入れ湯せん（60℃）にかけて溶かし、バターを加えよく混ぜる。

2 別のボウルにAを入れて混ぜながら湯せんにかける。Aが人肌に温まったら湯せんからはずし、リボン状になるまで泡立てる。

3 1に2を加えて混ぜ合わせ、薄力粉をふるいながらさらに加えてよく混ぜる。

4 型に流し入れ、冷蔵庫で1時間冷やす。

5 ボウルにBを入れよく混ぜ、鍋で沸騰直前まで加熱した牛乳を加えて混ぜる。

6 5を鍋に戻し入れて木べらで、軽いとろみがつくまで（80℃を超えないように）中火で加熱し冷ます。バニラエッセンスを加える。加熱しすぎると分離してしまうので注意する。

7 4を190℃のオーブンで7分焼いたら皿に返し、6のソースを好みで添える。

83

温かい菓子

スフレショコラ

プーッとふくらんだ焼き上がりが食べごろ。
ハフハフいいながら熱々を食べたいお菓子です。
ラム酒やグランマニエなどの洋酒を注げば、お酒好きの彼にもウケます。

準備時間 **1時間**　難易度 ◆◇　甘さ ●●

[材料] 8cmのココット型4個分
クーベルチュールチョコレート(スイート)……50g
卵黄……2個分
グラニュー糖……35g
牛乳……250g
薄力粉……20g
コーンスターチ……10g
メレンゲ
卵白……4個分
グラニュー糖……30g
飾り用
粉砂糖……少々

[下準備]
＊ココット型にバター(分量外)をぬり、グラニュー糖(分量外)をまぶしつけておく。
＊チョコレートを刻む。
＊オーブンは200℃に温めておく。

point
6でまわりをきちんとぬぐうこと。このひと手間でまっすぐにふくらみ、見栄えのよいスフレができます。

1 鍋に牛乳を入れ、沸騰直前まで加熱したら、ボウルに入れたチョコレートに加えて、溶かし混ぜる。

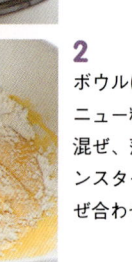

2 ボウルに卵黄とグラニュー糖を入れよく混ぜ、薄力粉とコーンスターチを加え混ぜ合わせる。

3 2に1を加え混ぜ、もう一度鍋に戻し入れて写真のようになるまでよく混ぜながら中火でしっかり全体に火が通るまで加熱する。

4 別のボウルに卵白とグラニュー糖の1/3量入れ泡立てる。さらに2回に分けて残りのグラニュー糖を加え、泡立て、しっかりしたメレンゲを作る。

5 3に4を2回に分けて加え、混ぜ合わせる。

6 器に入れてパレットナイフで表面を平らにし、まわりを指でぐるりとまわしながらぬぐう。

7 200℃のオーブンで7〜8分ふくらむまで焼き、仕上げに粉砂糖をふる。

Souffé au Chocolat

温かい菓子

Chocolat • Pain Perdu au Chocolat • Pai

準備時間 **半日**　難易度 ◆　甘さ ●●

チョコレート
パンペルデュ

パンペルデュとはフレンチトーストのこと。
ビニール袋に入れて漬けることで、
少量の液でしっかりと味がつきます。

Q 5のソースをミキサーを使わないで作る方法はありますか？

A 包丁で細かく刻んで、ジュースに混ぜるとよいでしょう。この時のジュースの量はひかえめにしてください。ジュースの量が多すぎると、ソースのとろみがなくなってしまいます。

[材料] 8個分
クーベルチュールチョコレート（スイート）……………………50g
卵………………………………2個
牛乳………………………200ml
無塩バター……………大さじ2
フランスパン（厚さ2cm）………8枚
オレンジソース
マーマレード………………200g
オレンジジュース（果汁100%）
…………………………………50g

[下準備]
＊チョコレートを刻む。

point
パンはフランスパンがおすすめです。食パンを使うと口溶けが悪く、おいしさが半減します。

1 ボウルにチョコレートを入れ、沸騰直前まで温めた牛乳を加えて溶かし混ぜる。

2 あら熱がとれたら、溶き卵を加え、よく混ぜる。

3 ビニール袋に2とパンを入れて2時間から一晩置く。

4 フライパンにバターを溶かし3の両面を中火で焼く。

5 ミキサー（またはフードプロセッサー）にマーマレードとオレンジジュースを入れ、よく混ぜ合わせてソースにしたものを4にかける。

冷たい菓子

チョコレートムース

冬でもおいしい冷たいデザートです。
メレンゲの泡立て方によってできあがりが左右されます。
しっかりと泡立てましょう。

準備時間 **3時間**　難易度 ◆◆　甘さ ●●

[材料] 耐熱製の器約4個分
クーベルチュールチョコレート(スイート)……………………70g
卵黄……………………2個分
卵白……………………2個分
グラニュー糖……………大さじ2
無塩バター………………20g
生クリーム………………50ml

飾り用
クーベルチュールチョコレート(スイート)……………………適量

[下準備]
＊チョコレートを刻む。

1 チョコレートをボウルに入れ、湯せん(60℃)にかけて溶かし、バターを加え混ぜ合わせる。あら熱がとれたら卵黄を加え、よく混ぜる。

2 別のボウルに卵白とグラニュー糖の1/3量入れ泡立てる。さらに2回に分けて残りのグラニュー糖を加え、泡立て、しっかりしたメレンゲを作る。

3 1に2のメレンゲを2回に分けて加えて、全体を混ぜる。さらに7分立てにした生クリームを加え、混ぜる。

4 しぼり出し袋に入れ、器に入れる。冷蔵庫で固まるまで約1時間冷やす。

5 飾りにチョコレートを削ったものをちらす。

wrapping

厚手のワックスペーパーをガラスの器の口の大きさに合わせ、円形に細長く手をつけたような形に、切ります。左右の手は器の底でふれるくらいの長さにして、セロファンテープで留めます。針金入りのひもでハートを作り、上に接着剤で貼りつければできあがり。

point

しぼり出し袋には口金はつけません。生地を入れるときは、下から出ないように口を折って、洗たくばさみやクリップで留めておきましょう。

Mousse au Chocolat

冷たい菓子

Petet Pot de Crème Chocolat

準備時間 **半日**　難易度 ◆　甘さ ●●

プチ ポ ド クレーム ショコラ

こどもから大人まで人気のあるとろとろのプリン。
なめらかな舌ざわりとチョコレートのこくを楽しんでください。
型はお手持ちの耐熱性の器でどうぞ。

[材料] 耐熱性の器約4個分
クーベルチュールチョコレート（スイート）……………………50g
卵……………………1個
卵黄……………………2個分
グラニュー糖……………………65g
生クリーム……………………100ml
牛乳……………………250ml
インスタントコーヒー……小さじ2/3
バニラオイル……………………少々

[下準備]
＊チョコレートを刻む。
＊オーブンは160℃に温めておく。

1 生クリームと牛乳を鍋に入れ、沸騰直前まで加熱する。

2 1の火を止め、チョコレートを加えて溶かし混ぜる。

3 インスタントコーヒーをさらに加え、溶かし混ぜる。

4 別のボウルに卵と卵黄、グラニュー糖を加えてよく混ぜ、**3**とバニラオイルを加えて一度こす。

5 器に流し入れ、天板にのせる。熱湯を天板に入れて160℃のオーブンで25分湯せん焼きする。

point
ちょっと面倒ですが、必ずこし器でこしてから器に入れてください。ひと手間かけることで舌ざわりがぐんとなめらかになります。

Q 器に流し入れるとき、表面に泡ができました。このままでいいのでしょうか？

A 表面についた泡はなるべくとりのぞいてください。味に変化はありませんが、そのまま焼くと表面に凹凸ができてしまうことがあります。スプーンなどで泡だけを、ていねいにとります。

通信販売可能なおすすめSHOP

この本で使った材料が購入できるおすすめの店です。ここで紹介している店はすべて通信販売ができるので、店に直接行けない方にもぴったり。商品の詳細や具体的な注文方法・支払い方法等は各店舗にお問い合わせください(各店舗のデータは2009年11月現在です)。

クオカショップ自由が丘

住　所＊東京都目黒区緑が丘2-25-7ラクール自由が丘「スイーツフォレスト」1F
ＴＥＬ＊03-5731-6200(直通)
　　　　0120-863-639(10:00～18:00)
ＦＡＸ＊0120-863-689
営業時間＊10:00～20:00
定休日＊不定休
ＵＲＬ＊http://www.cuoca.com

[通販方法] FAX、またはインターネットショップ上で希望の商品を注文。
[支払い方法] 郵便振替、コンビニ決済、または宅急便代金引換など。

製菓材料の専門店。生チョコやトリュフ用のケースなど、チョコレート用のラッピング用品も販売している。チョコレートはフランスのヴァローナ、カカオバリーなど15社約60種を扱っている。店舗は自由が丘の他、新宿、福岡、高松の全4店舗。

東急ハンズ新宿店

住　所＊東京都渋谷区千駄ヶ谷5-24-2
ＴＥＬ＊03-5361-3111(代表)
営業時間＊10:00～20:30
定休日＊不定休
ＵＲＬ＊http://www.tokyu-hands.co.jp/

[注文方法] TEL(営業時間内)で希望の商品を注文。
[支払い方法] 銀行振込か現金書留で送金。確認後発送される。または代金引換など。

DIY用品や生活用品など何でもそろっている大型店舗。新宿店は、製菓道具や材料も取り扱っている。クリスマスやバレンタインの時期には、コーナーを拡大し、初心者向けのキットなども店頭に並ぶ。初心者からプロまで幅広いレベルに対応した品ぞろえを展開する。

紀ノ国屋インターナショナル

住　所＊東京都港区北青山3-11-7AOビルB1F
ＴＥＬ＊03-3409-1231(代表)
営業時間＊9:30～21:00
定休日＊無休
ＵＲＬ＊http://www.e-kinokuniya.com/

[注文方法] TEL(10:00～17:00)で希望の商品を注文。
[支払い方法] 代金引換

輸入食材が多くそろうスーパーマーケット。フルーツの缶詰やナッツ類、ドライフルーツ、ビスケット、シリアルなどの種類が豊富。クーベルチュールは、通年販売している。

キッチンマスター

住　所＊東京都武蔵野市吉祥寺南町1-9-10トップ吉祥寺第二ビル
ＴＥＬ＊0422-41-2251
ＦＡＸ＊0422-41-2254
営業時間＊10:00～19:30
定休日＊年末年始
ＵＲＬ＊http://www.kitchenmaster.jp

[注文方法] TEL(営業時間内)、FAX、郵便、インターネット上のいずれかで希望の商品を注文。
[支払い方法] 銀行振込、郵便振替、現金書留のいずれかで送金。確認後発送される。代金引換も可。

製菓材料やパン、和菓子の材料など家庭用の製菓材料と道具がそろう。食材は小分けして販売しており、少量を作るときに便利。クーベルチュールは年間を通じて販売。取扱いメーカーは、ルノートル、オペラ、カルマ、ヴァローナ、大東カカオなど。

東名食品

住　所＊東京都世田谷区八幡山1-1-12
　　　　(店舗ではありません)
ＴＥＬ＊03-3304-7774
ＦＡＸ＊03-3304-0043(24時間受付)
営業時間＊9:00～17:30
定休日＊土曜、日曜、祭日
ＵＲＬ＊http://www.tfoods.com/

[注文方法] FAX、Eメール、インターネット上で希望の商品を注文。
[支払い方法] カード決済、商品代引、または金融機関から入金確認後に発送。

有名ホテルやレストランに材料を卸す卸問屋のインターネットショップ。乳製品、油脂、粉類など1300点以上の商品がある。詳しい商品リストをメールで受け取ることも可能。プロ向けのためkg単位の販売が多いが、高品質の品を安く購入できる。ホームページは、検索機能が充実し、購入しやすい。ヴェイス、ヴァローナ、カカオバリーなどのクーベルチュールがある。

SHOP LIST

富澤商店

住　所＊神奈川県相模原市東渕野辺4-26-9
ＴＥＬ＊042-776-6488
ＦＡＸ＊042-776-6478
営業時間＊9:00～17:00（土曜15:00まで）
定休日＊不定休
ＵＲＬ＊http://www.tomizawa.co.jp/

[注文方法] TEL（営業時間内）、FAXで希望の商品を注文。またはインターネットショップ上で、メンバー登録をしてから注文。
[支払い方法] 宅急便到着後、同封の払込票にて振込、または代金引換。

洋菓子やパン、和菓子の材料はもちろんのこと、中華やエスニック料理に必要なスパイスや各種食材もそろう。粉類がとくに充実していると評判で、インターネットショップも豊富な品ぞろえで見やすく、検索もできる。クーベルチュールは、大東カカオとベルコラーデ、カカオバリーなどを販売している。

グランシェフ

住　所＊東京都目黒区自由が丘2-18-15
ＴＥＬ＊03-3724-8989
ＦＡＸ＊03-5701-2222（24時間受付）
営業時間＊11:00～19:00
　　　　　（土、日、祝日は12:00から）
定休日＊無休
ＵＲＬ＊http://www.grandchef.co.jp/

[注文方法] TEL（営業時間内）、FAX、上記のホームページで希望商品を注文。
[支払い方法] 代金引換

お菓子作りにかかせない道具や材料を豊富にそろえている。フランスのマトファー社、アメリカのアテコ社の製菓道具や、フランス産の製菓用チョコレートなど、他では手に入りにくい商品も扱っている。

本間商店

住　所＊東京都台東区西浅草2-6-5
ＴＥＬ＊03-3844-5121
ＦＡＸ＊03-3841-1878
営業時間＊9:00～17:30
定休日＊日曜、祭日

[注文方法] TEL（営業時間内）で希望の商品を注文。
[支払い方法] 銀行振込、確認後発送。または代金引換。

主に業務用の食材（しょうゆなどの調味料、乾物、コーヒーなど）品ぞろえが豊富だが、クーベルチュールやドライフルーツ、ナッツ類もそろっている。業務用なので、500gや1kgといった多めの量でしか購入できないが、安価なのでまとめ買いにおすすめ。クーベルチュールは大東カカオ、カカオバリーのものがある。

吉田菓子道具店

住　所＊東京都台東区西浅草2-6-5
ＴＥＬ＊03-3841-3448
ＦＡＸ＊03-3844-6417（24時間受付）
営業時間＊9:00～17:30
　　　　　（但し土曜日のみ9:00～17:00）
定休日＊土曜、日曜、祭日（第一土曜は営業）

[注文方法] TEL（営業時間内）、FAXで希望の商品を注文。
[支払い方法] 銀行振込で送金、確認後発送される。または代金引換。

お菓子作りに必要な道具がすべてそろう菓子道具専門店。ケーキの型1つにしても材質、サイズなど幅広い商品構成で、外国製の珍しい型などもたくさんそろう。カタログを取り寄せることもできる（有料）。

フォンテーヌ

住　所＊東京都目黒区鷹番2-18-1
ＴＥＬ＊03-5722-5588
ＦＡＸ＊03-5722-5588
営業時間＊10:00～18:00
定休日＊日曜、火曜、祝祭日
ＵＲＬ＊http://matterhorn-tokyo.com/fontaine/

[注文方法] TEL（営業時間内）、FAX、上記のホームページで希望の商品を注文。代金引換も可。
[支払い方法] 初回のみ郵便振替で送金し、確認後発送される。2回目以降は商品到着後、郵便振替にて送金する。

バター、生クリーム、クーベルチュールなど質のよい製菓材料がそろうと定評のある店。学芸大学駅前にあるケーキ店「マッターホーン」と同じオーナーが経営しており、ケーキ店で使う材料と同じものが手に入る。クーベルチュールはヴァローナ、ヴェイス、カレボー、大東カカオなどを扱っている。

準備時間・難易度・甘さ別
さくいん
INDEX

＊甘さの程度は●●●が一番甘さが強い、難易度は◆◆◆が一番難易度が高いという基準です。準備時間は、準備をはじめてできあがりまでにこれくらいの時間があればできるという基準です。お菓子をプレゼントするときの参考にしてください。

＊準備時間、甘さ、難易度はあくまでも目安です。作る方の環境や状況によって若干異なることをご了承ください。とくに初心者の方は準備時間には余裕をもってください。

準備時間別

準備時間 1時間

- ドライフルーツチョコレート ……… 26
- リーフチョコ ……… 30
- チョコロッシェ ……… 32
- スフレショコラ ……… 84

準備時間 3時間

- 型抜きチョコレート ……… 12
- アーモンドプラリネ ……… 14
- マンディアン ……… 16
- フルーツチョコレート ……… 20
- パヴェ ド ショコラ ……… 22
- レーズンチョコレート ……… 24
- ラムレーズンボール ……… 28
- ナッツチョコレート ……… 34
- ブラウニー ……… 42
- ビスコッティ ……… 46
- カラフルチョコレートクッキー ……… 48
- チョコパフバー ……… 52
- キッスクッキー ……… 54
- フォンダンショコラ ……… 82
- チョコレートムース ……… 88

準備時間 半日（12時間）

- トリュフ ……… 18
- チョコレートフィナンシェ ……… 40
- クッキーショコラ ……… 50
- チョコインブリオッシュ ……… 56
- ガトーショコラ ……… 62
- エンゼルムースケーキ ……… 66
- チョコレートシフォン ……… 68
- チョコメレンゲ ……… 70
- チョコレートタルト ……… 72
- ホワイトチョコレートチーズケーキ ……… 74
- チョコレートパンペルデュ ……… 86
- プチ ポド クレーム ショコラ ……… 90

準備時間 1日（24時間）

- サブレショコラ ……… 44
- ザッハトルテ風 ……… 60
- ガトー フォレ ノワール ……… 64
- ブッシュ ド ノエル ……… 76
- チョコレートショートケーキ ……… 78

難易度別

難易度 ◆

型抜きチョコレート	12
マンディアン	16
フルーツチョコレート	20
レーズンチョコレート	24
ドライフルーツチョコレート	26
ラムレーズンボール	28
リーフチョコ	30
チョコロッシェ	32
ナッツチョコレート	34
カラフルチョコレートクッキー	48
チョコパフバー	52
キッスクッキー	54
チョコレートパンペルデュ	86
プチ ポ クレーム ショコラ	90

難易度 ◆◆

アーモンドプラリネ	14
トリュフ	18
パヴェ ド ショコラ	22
チョコレートフィナンシェ	40
ブラウニー	42
サブレショコラ	44
ビスコッティ	46
クッキーショコラ	50
チョコインブリオッシュ	56
ガトーショコラ	62
チョコレートシフォン	68
チョコメレンゲ	70
フォンダンショコラ	82
スフレショコラ	84
チョコレートムース	88

難易度 ◆◆◆

ザッハトルテ風	60
ガトー フォレ ノワール	64
エンゼルムースケーキ	66
チョコレートタルト	72
ホワイトチョコレートチーズケーキ	74
ブッシュ ド ノエル	76
チョコレートショートケーキ	78

甘さ別

甘さ ●

フルーツチョコレート	20
キッスクッキー	54
チョコインブリオッシュ	56
チョコレートタルト	72
ホワイトチョコレートチーズケーキ	74

甘さ ●●

型抜きチョコレート	12
アーモンドプラリネ	14
マンディアン	16
レーズンチョコレート	24
ラムレーズンボール	28
リーフチョコ	30
チョコロッシェ	32
ナッツチョコレート	34
ブラウニー	42
サブレショコラ	44
ビスコッティ	46
ガトーショコラ	62
ガトー フォレ ノワール	64
チョコレートシフォン	68
チョコレートショートケーキ	78
スフレショコラ	84
チョコレートパンペルデュ	86
チョコレートムース	88
プチ ポ クレーム ショコラ	90

甘さ ●●●

トリュフ	18
パヴェ ド ショコラ	22
ドライフルーツチョコレート	26
チョコレートフィナンシェ	40
カラフルチョコレートクッキー	48
クッキーショコラ	50
チョコパフバー	52
ザッハトルテ風	60
エンゼルムースケーキ	66
チョコメレンゲ	70
ブッシュ ド ノエル	76
フォンダンショコラ	82

著者
脇 雅世
わき まさよ

1977年に渡仏。コルドン・ブルーパリ校で学び、トゥール・ダルジャン、マキシム・ド・パリなどの有名レストランで研修後、帰国。現在は、服部栄養専門学校国際部ディレクターをはじめ、テレビや雑誌で活躍し、フランス料理の教室（問い合わせFAX 03-3235-0914）も主宰。フランスの高級レストラン料理から家庭の味までを自在にアレンジした簡潔なレシピが常に評判を呼んでいる。著書は『パリっ子の台所から』（扶桑社）、『じつは、和食好き』（文化出版局）など多数。

Staff

撮影＊公文美和　砂川千恵子
スタイリスト＊井上輝美
アートディレクション＊大薮胤美（フレーズ）
デザイン＊森田好美（フレーズ）
調理アシスタント＊吉野信子　橋本尚子　堤人美　加藤銀
協力＊（株）トワ・スール
編集協力＊（株）童夢

Chocolat Toujours
大好き！チョコレートのお菓子

2009年12月26日　発行

著　者　脇 雅世
発行者　佐藤龍夫
発行所　株式会社 大泉書店
住　所　〒162-0805 東京都新宿区矢来町27
電　話　03-3260-4001（代）
ＦＡＸ　03-3260-4074
振　替　00140-7-1742
印刷所　（株）東京印書館
製本所　（株）明光社

©2002 MASAYO WAKI　Printed in Japan

本書を無断で複写（コピー）することは、著作権法上認められた場合を除き、禁じられています。小社は、著者から複写（コピー）に係る権利の管理につき委託を受けていますので、複写をされる場合は、必ず小社宛にご連絡ください。
落丁、乱丁本は小社にてお取り替えします。
本書の内容についてのご質問は、ハガキまたはFAXでお願いします。

URL http://www.oizumishoten.co.jp

ISBN4-278-03746-5 C0077　　　　A02